VV. AA.

(h)amor[11] ex

Coordinado por Valentina Berr

VV. AA., *(h)amor¹¹ ex*
Editorial Continta Me Tienes,
colección **La pasión de Mary Read**

Primera edición: febrero de 2026

Editado por Sandra Cendal

248 pp., 11,5 x 17 cm
Depósito legal: NA 11-2026 | ISBN: 978-84-19323-75-0
IBIC: JFFK Feminismo

Colección La pasión de Mary Read, 66

Continta Me Tienes
C/ Belmonte de Tajo 55, 3º C
28019, Madrid
91 469 35 12 ~ info@contintametienes.com
www.contintametienes.com

𝕏 @Continta_mt
f ContintaMeTienes
📷 @contintametienes

FSC
www.fsc.org
MIXTO
Papel procedente de
fuentes responsables
FSC® C107210

Índice

(h)amor[11] ex

EXPECULACIONES:
UNA EX ES UNA EX ES UNA EX

Meri Torras Francès

Meri Torras Francès *es profesora de Teoría de la Literatura y Literatura Comparada en la Universitat Autònoma de Barcelona (España). Sus trabajos de investigación versan sobre ámbitos como la autografía, la identidad, la autoría, el cuerpo, el género y la sexualidad, con especial dedicación al comparatismo entre literatura y artes audiovisuales. Últimamente le da por rastrear lo que ella llama «literatura con acento», hacia el estudio de una escritura posmonolingüe, acorde a las trayectorias vitales en desplazamiento del mundo actual. Ha sido profesora invitada en varias universidades europeas y latinoamericanas. En 2005 fundó el grupo investigador Cuerpo y Textualidad, y desde 2018/2019 hasta enero de 2024 ha sido coordinadora del primer Grado en Estudios Socioculturales de Género del Ámbito Español, por esa tendencia suya de ir de berenjenal en berenjenal, de donde la terminan socorriendo les amigas, les amantes y, por supuesto, les ex.*

Expeculaciones:
una ex es una ex es una ex[1]

MERI TORRAS FRANCÈS

---

1 Este texto es para mis [h]amores Nita Castillejo y Dani Martínez, por orden de aparición en mi vida, porque reinan en mi amor con hache, y para Cris Verdaguer, a la espera de que se nos una de una vez, que no hay dos sin tres, y porque aceptamos sus ideas de bombera. Asimismo, está dedicado a todas aquellas de mis ex que, al leerlo, se reconozcan (y me reconozcan) en él, como en un espejo. También a mis ex sin precedentes ni antecedentes, con quienes me une un deseo desmesurado de amistad y una vida política para recordar y, en su defecto, inventar. Y, *last but not least*, a Carole, con quien nos resistimos a convertirnos mutuamente en ex, a pesar de –o gracias a– tanta(s) vida(s) junta(s). Tratándose de ex la cosa no podía terminar aquí... También se lo dedico a Núria Llavina, a quien adoro y que es la ex de Carole, y que nos prestó el coche que me llevó a escribir todo esto, en agosto de 2025, entre los volcanes de la Alvernia.

> *When the phone didn't ring,*
> *I knew it was you.*
>
> Dorothy Parker[2]

Exordio *ex abrupto*

De todos los tipos de preámbulos posibles con los que inaugurar un texto como este, donde asumo la osadía de reflexionar a propósito de la figura de la ex, debo elegir sin duda el exordio *ex abrupto*. Como en la cita de Dorothy Parker que, a modo de epígrafe, encabeza este texto, el mundo de las ex es contradictorio, polisémico, sorprendente e impuro. De entrada, cabe hacer hincapié en el término mismo de «ex», que deviene substantivo a partir de una preposición que lo define por *aquello* que no se es ya y que sí se fue antes –expareja, exesposa,

---

2 Citado en el ensayo de Andrea Köhler (27), se trata de una frase que se atribuye al cáustico ingenio de esta autora norteamericana.

examante, examiga... ¡¿exex?!...–, un *aquello* significativamente ausente: cuando digo que tú eres mi ex no aludo a aquello que fuiste, de hecho lo elido, pero señalo que eras alguien que tuvo un papel importante en mis afectos, un vínculo con entidad y (al menos algo de) correspondencia, una relación compartida y mutuamente sostenida, que sigue *transformada* hasta el presente.

Con el término apocopado, convertido en sustantivo a partir de una preposición latina hecha prefijo y ahora nombre, algo queda en el aire, impreciso y poderoso, como suspendido en el tiempo, cada vez que ex se pronuncia en voz alta. La cuestión del tiempo permea el concepto por entero, porque la pregunta que queda irresoluble insiste en una permanencia indefinida de la figura de la ex, que ya fue y no es ya más exactamente eso que era, pero sigue siendo *otra cosa* vigente e importante (dice el refrán que quien tuvo retuvo). Las ex tienen algo del dinosaurio de Augusto Monterroso: cuando despertó su ex todavía estaba allí. Las hay *rein-*

cidentes, cuya ascendencia sobre nosotras nos sigue con el paso del tiempo (no importa cuánto... ni cómo ni dónde, pero junto a ti); luego las hay *revenantes*, que, como una aparición de la ultratumba, nos las reencontramos cuando ya las dábamos por desaparecidas; y, de esas, las borradas del mapa, las *evaporadas*, también haylas: nos abandonaron al mismo tiempo que perdieron su condición y devinieron ex en el vacío (ex vacuas). Estas últimas suelen ser las más traumáticas y, a la vez, en sí mismas, las más insignificantes. Sean del tipo que sean, el misterio que queda en el aire y que justifica la existencia de este volumen [h]amoroso de Continta Me Tienes, perpetrado por Sandra Cendal y Valentina Berr, es el siguiente: ¿qué es y qué puede una ex? O incluso, ¿qué superpoder le otorga la pérdida del estatuto ostentado (que tal vez ni siquiera tenía cuando ejercía plenamente lo que fuera que fuese)?

Lo que seguirá a estas líneas son especulaciones al respecto de las ex, tomando en consideración dos apreciaciones previas: la primera, que especular implica hacer conjeturas sobre algo sin certezas definitivas (para todas y cada una de mis afirmaciones hay contraejemplos y esta frase se autodestruirá en cinco, cuatro, tres, dos...); la segunda, que especular viene del latín *specularis*, cuya raíz nos señala que cuando especulamos nos estamos viendo en el espejo o, dicho de otra manera, nos reflejamos en nuestras especulaciones, porque no hay que olvidarlo: una es ex de sus ex, y es esta condición especular-refleja la que atraviesa las siguientes *expeculaciones* iniciadas *in media res*, abruptamente, que es como suelen manifestar su poderío las ex.

Extemporáneas no extintas

La relación de la ex con la línea temporal es a todas luces crucial. Lejos de doblegarse a una narrativa capitalista e imperialista, de sucesión progresiva en pretendida evolución y avance pasapantallas, las ex se manifiestan extemporáneas, esto es, aparentemente impropias del momento presente, a veces incluso bajo el riesgo de parecer inoportunas e inconvenientes, pero jamás extintas –y he aquí la paradoja a la que ya me he referido en el apartado anterior– sino con una vigencia mantenida que las convierte en inclasificables, más allá de la etiqueta de naturaleza siempre misteriosa e inefable de *ex*. Liberadas del papel más institucional que tuvieron antaño, las ex se sienten sueltas y emancipadas, con licencia para inventar otra relación, y se autoconceden esta prerrogativa. La ex es una incógnita que aún falta por despejar y que contribuye activamente a convertir la ecuación del amor en poderosa, imaginativa y, como se verá, en política.

En efecto, la ex se resiste a las narrativas de superación y distanciamiento que suelen teñir los relatos cisheteropatriarcales blancos y capacitistas (sí..., hay excepciones...), y que suelen amoldarse a un pretendido esquema vital teleológico y lineal, cuya palabra clave es la superación. Frente a ese modelo, las ex abrazan temporalidades cuir, con un tiempo lleno de dobleces, pliegues, saltos y vacíos... incluso de saltos en el vacío (no iba a ser Kierkegaard el único), encarnando un sujeto singularmente plural o pluralmente singular en tanto que una ex sabe y siente como absurda la narrativa heroica competitiva, puesto que reconoce su peripecia vital en inclinación, enredada a una comunidad política: por definición, una ex es en relación.

Es frente a esa comunidad *humanimal*[3] que se significa el concepto de ex, abandonando unos vínculos afectivos de exclusividad y huyendo de los imperativos de la institución de la monogamia y sus prejuicios. Estés con quien estés, en cualquier momento puede aparecer una ex tuya, suya, incluso vuestra... o de nadie, que se hará presente. Para qué ponerse de culo frente a esa evidencia implacable, tan presente en círculos sexodivergentes y –me atrevería a afir-

---

3 El término lo ha consolidado, en lengua española, Marta Segarra con su ensayo *Humanimales. Abrir las fronteras de lo humano* (2022); y, sí, procede aquí porque las ex tienen humanos y animales en custodia compartida.

mar– especialmente entre lesbianas. De entrada, cuando ejerces de ex, tú también haces lo mismo, despliegas la sabiduría agramatical que define a cualquier ex, en su condición contradictoria de extemporalidad no extinta, y sueltas alguna constatación que, si no corresponde directamente a la sabiduría (eso sería apuntar muy alto), invita a menudo a la reflexión. Dicho de otro modo, las ex aparecen, se percatan de tu situación (sea la que sea), que ya veían venir (casi siempre) y te acompañan, no sin dejar de pronunciar una frase o dos con las que te dejan pensando, que es gerundio. De nuevo, su magia (a)temporal: como el tiempo, en uno de los poemas de amor más hermosos jamás escritos, las ex dirán *I told you so* («ya te lo dije»),[4] lo que puede exasperar pero que resul-

---

4 Me refiero al conocido poema de W. H. Auden titulado *If I Could Tell You*; concretamente, a los versos que, a modo de letanía, se repiten en él: «*Time will say nothing but I told you so, Time only knows the price we have to pay; If I could tell you I would let you know*». Consultado en agosto, 2025. Disponible en: https://allpoetry.com/If-I-Could-Tell-You

ta a su vez un exorcismo. La simple presencia de una ex que ejerce de tal a nuestro lado es el cuerpo interrogante cernudiano cuya respuesta no existió,[5] pero mantiene el gesto de la pregunta agramatical: «Harás lo que pudimos (o no)», «Hicimos lo que podrás (o no)». Y se alejan con el pisa fuerte y pisa con garbo del *ahorita ya fue y ya fue es cuando*, para decirlo a la mexicana (que alguna ex tengo por allá, al otro lado del océano).

La excritura palimpséxtica

Y ahora y aquí, en el corazón mismo de este texto, su centro, en su palpitar más íntimo, debo y quiero escribir que mis ex hacen de mi cuerpo –y de mí– un palimpsesto; esto es, un

---

5 *No decía palabras*, de Luis Cernuda: «No decía palabras, / acercaba tan solo un cuerpo interrogante, / porque ignoraba que el deseo es una pregunta / cuya respuesta no existe [...]». Estos son los versos iniciales. Consultado en agosto, 2025. Puede leerse completo en: https://www.poesi.as/lc31040.htm

escrito (mejor diré manuscrito, porque hay una labor de manos que no se puede obviar ni dejar de alabar) con escrituras previas borradas o sometidas a tachadura, para que pueda existir en el presente así como soy. Soy –somos, mi cuerpo y yo, que devengo en mi cuerpo– a, bajo, con, contra, de, desde… (llénese el hueco con la preposición que convenga) esas escrituras previas, cuya autoría pertenece a mis ex: una excritura, por tanto. Tenemos sus marcas, el trazo de unas manos conocidas, el dibujo encadenado y danzante de una caligrafía vital compartida. Y esta presencia palimpséxtica exuda y, en su rezumar, exhuma, sacando a la luz de quien se aventure a leer mi cuerpo, empezando por mí misma, lo olvidado o, tal vez, aquello caído en la desmemoria que flota luego irreconocible.[6] Y una ex sabrá sin duda leer de dónde viene este vestigio, señalará a

---

6 Tomo prestada la imagen de un poema de Gabriel Ferrater, *Si puc* («Si puedo»). Consultado en agosto, 2025. Puede leerse en bilingüe en: https://el-anaquel.com/si-puedo-si-puc-gabriel-ferrater/

qué catástrofe sobrevive. Puede tratarse de un mero gesto casi imperceptible, una frase aparentemente superficial, una contrariedad inútilmente disimulada, agua en la mirada o una risa tonta pero terriblemente contagiosa. Una ex poseerá el código secreto para desandar la historia de cualquier existencia tachada en mí.

Intersexciones y rexciprocidades

Este (h)amor ex intersecciona con otros (h)amores y muy especialmente con el de la amistad. En *(h)amor⁹ amigas*, Andrea Momoitio se refería ya a los vínculos especiales que se establecen con las ex en el transcurso de su texto «Tapar las estrellas con un puñado de ranas».[7] En el mismo volumen, Sara Torres aventura una hipótesis muy sugerente que propone la amistad

7 Remito también al texto de Andrea Momoitio «¿Con qué rompes cuando rompes con tu pareja?». Consultado en agosto, 2025. Disponible en: https://www.pikaramagazine.com/2021/02/rompes-cuando-rompes-pareja/

como un *modo de vida* –un conjuro, en realidad– que rompe el maleficio de la ansiedad que produce, en la relación de amantes, el potencial ejercicio de libertad de la otra. Ambos vínculos –el de amigas y el de amantes– son mundos que *hacen el amor,* y que hábilmente Torres entrelaza a la vez que diferencia, a partir –adivino– de uno de los momentos inolvidables de los *Fragments d'un discours amoureux,* cuando Roland Barthes afirma: *«Suis-je l'amoureux? Oui, parce que j'attends»* (69). Si bien ambos afectos llevan a amalgamarnos, los pactos con la otra son distintos: «[...] nos vinculamos amistosamente cuando no media la asimilación de la otra por identificación con el yo; es decir, el movimiento de la psique que lleva a reducir el misterio de la otra a una extensión del yo para así controlar la ansiedad que nos produce la diferencia» (Torres, 2024; 69).

De la amante pretendemos que actúe «según una lógica moral y una fantasía de lo deseable» (Torres, 2024; p. 56): el tiempo que exige la pasión erótica es síncrono, de ahí la espera barthesiana como condición *sine qua non* del enamorado. Esperar nos garantiza vivir en y de la expectativa, allí donde todo es posible. La amante que espera atisba, aunque sea sin saberlo, la posibilidad de un abandono insoportable, esa pérdida que en la amistad no amenaza de la misma manera y en la extemporalidad de la ex ya ha acontecido en acción o en potencia anteriormente. Digamos, simplemente, que la expectativa asociada a la ex remite a oportunidades perdidas (o no), que han tenido su propio tiempo. La expectativa de la amante remite al presente y –parafraseando a Andrea Köhler en su ensayo sobre la espera– diría que «se compone de memoria y alucinación» (Köhler, 2018; p. 92).

He aquí una doble posibilidad interpretativa de la cita de (la siempre irónica y corrosiva) Dorothy Parker, que he usado de broche inaugural. «*When the phone didn't ring, I knew it was you*» puede atribuirse a un yo que habla desde el lugar indudable de una espera donde o bien la expectativa es alucinación y reconoce en el silencio del teléfono el del amante asíncrono (que no corresponde en el tiempo), o bien la expectativa es memoria que permite reconocer la presencia de otro, otra, otre en el silencio. La ex tiene todos los números de la lotería para ser esa otra persona.

Existencia(s): genealogías políticas

Uno de los ensayos más maravillosos que he leído este último año –y que no paro de recomendar– se titula *Un désir démesuré d'amitié* y su autora es Hélène Giannecchini. El motor poético del libro puede condensarse en una invitación de Monique Wittig, en *Les Guérillères* (1969), que Giannecchini recoge como (un) testigo: «*Tu dis qu'il n'y a pas de mots pour décrire ce temps, tu dis qu'il n'existe pas. Mais souviens-toi. Fais un effort pour te souvenir. Ou à défaut, invente*» (Wittig, 1969; p. 127).

Este deseo de amistad fuera de toda mesura es el que mueve a la autora, 50 años después, a buscar esa parte de su historia que no le ha sido transmitida, la de aquelles que le han precedido, desconocides y borrades, que han hecho posible su existencia y han contribuido –a veces con su vida– a legitimar su forma de vivir y de amar. Así, *Un désir démesuré d'amitié* responde a esta deuda vital, al reconocimiento de una genealogía política, de lucha y de amistad que –para retomar las palabras del título de Torres– *hace mundos*. Y lo hace desplegándose sin medida, en (el) exceso. Tenemos, por tanto, unas ex históricas, a quienes no conocimos, pero en relación a cuyas existencias, existimos. El exceso de amistad nos da acceso a ellas, y viceversa: una ex es un testimonio cómplice con quien recordar o inventar una historia en común.

Somos en relación con otros, otras, otres que, como nos propone Giannecchini, podemos ir a encontrar. Los vínculos de amor y de amistad que no están en los archivos documentales, porque se consideran menores, efímeros, contingentes y suelen desaparecer tras la muerte de sus protagonistas, deben ser evocados y conmemorados por nosotras, las que seguimos: debemos hacer el esfuerzo de recordar o, en su defecto, inventar. Hay una nueva archivística LGTBIQ+ que responde a esto y que muy bien podría materializar un *(h)amor de archivo*.[8] Giannecchini recuerda (o inventa, poco importa) el episodio que la lleva a dar con el título e impone en ella el imperativo de escribir el libro. Se encuentra en Ámsterdam junto a tres amigas, alguna de ellas tal vez una ex, alguna otra tal vez una amante, y se disponen a depositar un ramo en el Homomonument,[9] cuando les azota la noticia del tiroteo masivo indiscriminado en el

---

8 Por citar algunos ejemplos, muy cerca de mí pienso en la labor insigne de Diego Marchante, el *genderhacker* nuevo archivero, o/y de Lucía Egaña y su archivo retroespeculativo desencajado; el entrañable archivo colectivo de Ca la Dona o el ensayo académico a propósito del mismo que nos regaló Elena Castro Córdoba en forma de tesis doctoral que espero que se publique pronto, manteniendo el hermoso título de *Enredos temporales*.

9 El Homomonument es el primer memorial erigido en 1987 en memoria de las personas LGTBIQ+ perseguidas y oprimidas. Se conforma por tres triángulos, que significan

Club Q, una discoteca LGTBIQ+ de Colorado Springs, en noviembre de 2022. De pie sobre el triángulo de granito rosa que representa el pasado, leen la inscripción del verso de Jacob Israël de Haan y la traducen: un deseo de amistad sin mesura las une y las convoca a la acción.

Es por eso que adopto las ex de mis amantes a la luz de esa *autre filiation* (otra filiación) que abandera Giannecchini. No solo ellas están en el cuerpo de mi amante, sino que además forman parte de esa *famille composée* (familia compuesta) que nos amalgama y protege, a la vez que nos remite a nuestres antepasades. Si encontramos ese lugar para articularnos desde un vínculo afectivo sano, ojalá no desechemos este potencial político de las ex porque nos hace falta como colectivo. Confieso que he llegado a un punto –debe ser la edad, quién sabe– en que ya le he pedido a una mujer increíble que nos hagamos directamente ex y me

el pasado, el presente y el futuro, entrelazados a fin de constituir los tres vértices de un triángulo mayor.

ha dicho que sí. Estoy feliz porque, además, escribe unas cartas-relatos hermosísimas y yo soy adicta a la escritura epistolar.[10] No podría haber encontrado una ex sin precedentes ni antecedentes mejor que ella.

Y es que, en definitiva, por nuestras ex nos conoceréis.

---

10 Cfr. el proyecto «Otros rastros», de Valentina Berr. Disponible en: patreon.com

Bibliografía

Barthes, Roland. *Fragments d'un discours amoureux*. París: Éditions du Seuil; 1977.

Köhler, Andrea. *El temps regalat. Sobre l'espera*, trad. de Joan Ferrarons i Llagostera. Barcelona: Angle Editorial; 2018.

Momoito, Andrea. «Tapar las estrellas con un puñado de ranas», en *(h)amor⁹ amigas*. Madrid: Continta Me Tienes; 2024. pp. 159-188.

Segarra, Marta. *Humanimalidad. Abrir las fronteras de lo humano*. Barcelona: Galaxia Gutemberg; 2022.

Torres, Sara. «Mundos que hacen el amor. La posibilidad de las amigas-amantes», en *(h)amor⁹ amigas*. Madrid: Continta Me Tienes; 2024. pp. 41-57.

Wittig, Monique. *Les Guérillères*. París: Les Éditions de Minuit; 1969.

EL PARQUE DE DISCUTIR

Elisa Coll

Elisa Coll *es escritora y creadora multidisciplinar. Su trabajo como autora e intérprete de la obra de teatro* GLORIA *la ha llevado a una programación de varias temporadas en el Teatro del Barrio, a una gira por distintas ciudades y a la publicación del texto y diario de creación* Gloria. Pánicos y euforias de una creación *con Continta Me Tienes (2026). Es autora de la novela* Nosotras vinimos tarde *(2023), con la que ha recorrido festivales como el II Encuentro de Literatura Queer o Letraheridas, y del ensayo* Resistencia bisexual *(2021). También participó en* (h)amor[9] amigas *(2024). Presenta y dirige el podcast literario* Umbrales narrativos, *producido por Consonni, en el que ahonda en los procesos creativos con autoras invitadas. Has podido leer sus textos en* Pikara Magazine, elDiario.es, Vanity Fair, El Salto, Vice *o* Filmin.

El parque de discutir

ELISA COLL

–Vamos, que se viene llorera, ¿no? Genial. Bueno, ya me lo pasarás.

Sonrío pero nadie lo ve. Delante de mí solo hay un puñado de árboles desperdigados. Nos hemos llamado por teléfono para comentar tonterías y aprovecho para anunciarle a Q que ya voy a empezar a escribir este texto temido. No le hizo ninguna gracia cuando se lo conté, gruñó y creo que se tiró sobre la cama o se pondría a ordenar su cuarto, no recuerdo. Mira que hemos hablado y hablado, pero hay algo de la palabra escrita (y peor: publicada) que evoca un miedo distinto. Esto lo he hablado también con otros ex, víctimas de mi decisión de convertirme en escritora y pintarrajear garabatos encima de nuestros recuerdos, hasta ese momento privados e impolutos. Es sacrilegio sacar del

pedestal el objeto intocable: decorarlo, mano-
searlo, mostrarlo. Y, sin embargo, en realidad
me parece un indicador bastante certero de
confianza, aunque seguramente sea porque soy
yo quien tiene agarrado el boli por el mango.
En cualquier caso, sigue siendo un termómetro
de algo. Lo doloroso puede contarse siempre,
pero lo divertido, lo bonito, solo puede contarse cuando empieza a dejar de doler.

–Voy a contar lo del parque de discutir.

Hay una parte de mí que se rompe al pensar
que este texto está incluido en una antología
llamada «ex». Hay una versión antigua mía
que está proponiéndole a Q la idea del parque
de discutir sin saber que acabará convirtién-
dose en un epitafio. Hay una yo que quiere ir
atrás corriendo, advertirme, pero que probablemente se detendría a mitad de camino y dejaría que disfrutase de los últimos momentos
antes de ese tengoquedecirteunacosa.

Ayer me llamó L y me dijo que su madre se había empezado a leer *Nosotras vinimos tarde* y que estuvo un rato cachondeándose de ella llamándola Vero. Vero es un personaje del libro en el que hay volcadas algunas partes de nuestra relación. Su madre se mea: «¿Qué pasa, Vero?».

–Pero, ¿te molesta?

–A ver, al principio un poco. Luego es como «pues mira, qué bien existir ahí».

Rescato pedazos de nuestras historias para imaginar sobre ellas y así, de alguna manera, tomo un papel activo en el duelo, en vez de dejar que simplemente se me enrosque por el cuerpo. Mirando atrás, de lo que más fácil se me hace escribir es de lo que ya no está, o no de la misma manera. Escribir es volver al velatorio cuando ya se ha marchado todo el mundo, encender un cirio, poner música a todo volumen y bailar entre los restos de algo que merece ser llorado con euforia, celebrado con furia. Dientes apretados, manos estiradas hacia el cielo, bocanada de aire profunda. Aleluya, joder. Escribir es no tener miedo a volver aquí y dejar de tratar los lugares que duelen como un museo, porque entonces solo queda espacio, precisamente, para el dolor y el silencio.

El valor que tiene ahora el parque de discutir es el mayor valor que puede tener cualquier cosa: el de convertirse en una historia.

Hay un conjuro, un encantamiento en manchar con la palabra las cosas que en su día fueron sagradas, que se convirtieron en símbolo de una relación y que al acabar esa relación se recubren en un paño de dolor y no se tocan más. Contarlas no solo aquí, por escrito, sino también entre botellines o dando un paseo cuando algo activa el recuerdo, de la misma manera en la que se habla con alegría de un muerto.

Honrarlas con la palabra, mostrar fotos de una casa a la que ya no puedes volver.

Y al hacerlo, también se hacen nuevos descu-
brimientos.

–Si vas a escribir sobre el parque de discutir,
tengo que contarte una cosa que no te había
dicho. Para mí el parque todavía no es algo
divertido. Me duele un poco aún. Por lo que
pasó la última vez que fuimos.

Noto la voz entrecortada al otro lado del auri-
cular. La puerta se abre, ya no estoy sola en el
velatorio. Hola.

El parque de discutir es una idea que se me
ocurrió cuando empezamos a ser novias.

–¿Sabes eso que ocurre a veces, que empiezas
una discusión en un lugar que te gusta, tipo
una cafetería o una calle concreta, y después la
discusión se arregla, pero el recuerdo feo de
la discusión se queda vinculado a ese lugar? Y
esa cafetería que te encantaba ya se convierte
en la cafetería donde te dije nosequé. Pues creo
que deberíamos tener un parque de discutir.

Cuando veamos que vamos a discutir, nos vamos al parque de discutir. Y así todos los recuerdos feos están concentrados en un mismo lugar.

A Q le gustó la idea y decidimos que el parque de discutir sería aquel parque feo por el que habíamos pasado algunas veces, lleno de tierra y trasquilones de césped pisoteado aquí y allá, con los bancos lo suficientemente separados unos de otros como para tener una cierta privacidad. Así lo bautizamos y una parte tontísima de nosotras casi deseaba que llegara la siguiente discusión para probar la idea. El parque de discutir funcionó mejor de lo que pensábamos. Su existencia obligaba a que paráramos la discusión que empezaba a abrirse para reconocer la propia existencia del conflicto y la necesidad de cambiar de espacio, de trasplantarlo al lugar adecuado. El paseo hasta el parque se hacía siempre en silencio, bullendo de enfado o inundadas por la tristeza o ahogadas en la duda de qué diría la otra, pero ese camino silencioso como una procesión de cuaresma evidenciaba el compromiso compartido de llevarlo todo al mismo lugar. Aun con ganas de mandarnos a la mierda, literalmente caminábamos en la misma dirección.

Un día en el que estábamos especialmente furibundas la una con la otra, llegamos y nos encontramos con que una pareja de chicas nos había quitado nuestro banco. Nos quedamos ahí plantadas en ese chasco inesperado. La de la izquierda lloraba tapándose el rostro con las manos y la otra tenía los brazos cruzados y una lividez fría en la mirada. Una grieta de ironía se abrió en nuestro enfado cuando no nos quedó más remedio que decidir en qué otro banco sentarnos para discutir, porque en el nuestro ya había dos sáficas discutiendo. Coja número, señora. Quién tiene la vez. Estas tonterías aliviaban el enfado, nos hacían reír por mucho que nos jodiera reírnos, nos recordaban al menos que había todo un jardín de complicidad que también existía al otro lado de la distancia que sentíamos en ese momento.

A estas alturas del texto, cualquier persona pensaría que ese fue el lugar que Q escogió para poner fin a la relación.

Pero creo que no te atreviste. Lo entiendo. La agonía de un cordero yendo al matadero. Creo que, si me hubieras llevado, habría sabido lo que ibas a hacer. Te decidiste por el tajo rápido, inesperado.

Guardé rencor mucho tiempo por esto, pero lo entiendo ahora.

No, la ruptura no fue la última vez que fuimos al parque de discutir. La última vez fue un par de semanas después. Mis ojos recorren el monte a lo lejos mientras espero a que Q, al otro lado del teléfono, escoja las palabras para lo que tiene que decirme sobre aquel día.

Hace años, recién mudada a Barcelona y cuando L y yo aún no nos dirigíamos la palabra después de haberlo dejado, llegó una carta a mi antigua dirección en Madrid. El remitente

era la Autoridade Nacional de Segurança Rodoviária de Portugal. No me lo podía creer. Era
una multa que nos habían puesto en un viaje a
Portugal que habíamos hecho juntas hacía dos
años. Una multa bastante alta, por cierto, por
acampar en un sitio donde era ilegal acampar.
Abrí aquel sobre extraviado de la línea temporal que le correspondía, un recuerdo que llega
tarde a un lugar que ya no existe. No iba yo
fina de ingresos como para pagar la multa entera, así que me tuve que tragar el orgullo y escribir a L. Pero entonces vi que en el sobre había
otro papel. Una fotografía, que pretendía ser la
prueba incriminatoria del delito. En ella aparecía la tienda de campaña con la que habíamos hecho noche y, justo delante, una figura
encorvada como una gárgola, con la capucha
puesta, cara de sueño y ojos legañosos apretados en una mueca de indignación. No sabía
que, además de despertarnos dando golpetazos
contra la tienda a las seis de la mañana, aquellos policías me habían hecho una foto recién
levantada. No puedo expresar el patetismo de

ese documento oficial de las autoridades portu-
guesas en el que realmente parezco una alima-
ña recién salida de la ciénaga. Aquella estúpida
foto hizo que nos volviéramos a hablar. Era
una situación demasiado absurda como para
no atravesar el muro que habíamos levantado.
De hecho, L, estuve a punto de regalártela en-
marcada en tu siguiente cumpleaños. Algún día
tal vez lo haga.

Cuando defiendo el humor como algo que une
a las personas de una manera en que ninguna
otra cosa une, lo digo absolutamente convencida. El humor deshace de forma instantánea
la piedra que mil conversaciones serias no son
capaces de picar.

El humor es un camino amable hacia todo lo
que aún escuece.

–Me cuesta hablar del parque de discutir por
la frase aquella. La que me dijiste durante el
pollo. Bueno, y por el pollo.

No tiene que decir más, sé perfectamente a lo que se refiere.

La última vez que fuimos al parque de discutir fue unas semanas después de la ruptura. Aun súbita, desgarradora, una desesperación de llanto como de niña que se pierde en el supermercado, había sido una ruptura muy cívica. Que si acuerdo por aquí, que si límites por allá. El problema es que yo estaba destrozada y llegó un momento en que no podía más con el civismo. No podía más con los *te entiendo pero siento que*. «Creo que lo que necesito es montarle un buen pollo», les dije a unas amigas durante un viaje que tuve que hacer fuera de Barcelona por trabajo. El papel regulador que ha ido tomando el vocabulario terapéutico ha ido convenciéndonos, a muches de nosotres, de que la intensidad es lo mismo que la violencia y todo hay que decirlo filtrado, bajito y por favor. Entonces el dolor horroroso de querer morirte que traen a veces las rupturas hay que pasarlo por el departamento de maquillaje y vestuario, ponerle un lacito para que no asuste y limarle las uñas para que no arañe y apretarle el corsé para que no se desborde. Me subí al tren de vuelta leyendo el mensaje de mi amiga en el móvil: «Ya me contarás qué tal el [emoticonos de pollito, pollito, dinamita, corazón]!!!».

Igual que al empezar una relación de pareja hay momentos que asientan los pilares de ese amor, en el comienzo de nuestra ruptura ese pollito pollito dinamita corazón fue un evento canónico al que hoy deberíamos rezarle de vez en cuando, llevarle ofrendas.

Pero un pollo no se monta así como así. Ante todo, una es organizada. Le dije a Q: «Necesito montarte un pollo. ¿Podemos ir al parque de discutir?».

Nos sentamos en nuestro banco y algo se abrió en canal. Ese pollo fue, creo, la vez que más crudamente y sin filtros te he expresado cómo me siento. Incluso la primera vez que te dije que te quería titubeé más, más que al decirte ese día aquella frase que tiraba por tierra toda diplomacia, que parecía sacada de una telenovela y que sé que te mató: «Me has roto el corazón». No la parafraseas por teléfono, pero sé que fue la que convirtió el parque de discutir en un disparo a bocajarro, en un chorro de culpa por haber puesto fin a la relación. Y cómo lo aguantaste. Llorabas y llorabas pero lo sostuviste estoica, no bajaste la mirada, no te escondiste ni huiste, recogiste esa explosión mientras yo me daba permiso para romperme, y estoy segura de que desde fuera parecíamos una película de Almodóvar, pero ya no me importaba mostrar las fealdades escondidas. Si te iba a asustar, mejor asustarte ya, que te fueras ya. Pero no te fuiste.

Aún nos duele mucho hablar de esto. Aún no hemos encontrado la broma alrededor del «me has roto el corazón», pero intuyo que está en camino. Es una frase demasiado melodramática como para echarla a perder. A lo mejor un día estamos viendo *La isla de las tentaciones*, una participante se lo dice a su novio tirando la *tablet* al suelo de un manotazo ante la mirada atónita de Sandra Barneda y yo me giro y te hago así con las cejas y luego te tengo que pedir perdón por bruta, pero ya te habrás reído. Ya te habrás reído.

Está bien si hay partes de nuestras historias que aún se mantienen en silencio. Hay, por ejemplo, canciones que aún no puedo escuchar. No pasa nada. Eso no significa que en el fondo quiera volver atrás y que todo sea como antes. Significa que no estoy preparada aún para entrar en esa sala del velatorio. En realidad, y si todo va bien, nos pasaremos toda la vida volviendo aquí. Con un poco de suerte, de vez en cuando lo haremos juntas.

Al final, atravesar una ruptura es un acto de fe. La fe tiene que ver con soltar el control, y cuando la ruptura es un mar de sufrimiento, puede haber en él una resistencia a deshacernos del sentimiento hacia la otra persona, una especie de proteccionismo porque, si tú también lo abandonas, ¿quién lo mantendrá vivo?

Marcharse, pensamos, es dejar morir de sed algo bello que juraste cuidar. De las rupturas no queremos irnos porque no queremos abandonar ese espacio, ese milagro que se desmorona, y sentimos que debemos protegerlo del paso del tiempo y de la aplastante realidad. Marchar se convierte así en un acto de fe: ponerte en manos del tiempo y esperar que algún día podáis volver aquí, de la manera que sea. Por eso defiendo a degüello esas negociaciones que se hacen con una misma en las rupturas, los «vale, ahora no, pero tal vez en un futuro sí». Negociamos con el duelo para no encarar el vacío abismal de un final, encontramos cierto alivio en las fantasías de escenarios futuros de reencuentro, donde las circunstancias serán más favorables y ahí sí, ahí podremos estar juntas, que es lo mismo que hacen las señoras cuando perciben el aliento seco de la muerte en la nuca y empiezan a decir: «Pronto me voy a reunir con mi Herminio». Qué corto de miras es pensar que estas fantasías son un simple autoengaño. En realidad, son un haz de luz que consigue que te muevas y hay días en que son lo único que te salva de pudrirte en ese museo de recuerdos intocables. Es la esperanza lo que posibilita el futuro, aunque sea uno que jamás hubieras imaginado o incluso deseado. L y yo no dábamos un duro por acabar siendo amigas, muchísimo menos por presentarnos a otras novias, y hemos acabado conociendo a varias. Q y yo hemos podido recuperar una cercanía que en otro momento ni en sueños nos habría parecido posible. Y para llegar aquí, tuve que hacer cosas que se supone que no hay que hacer: convencerme de que al otro lado del dolor habría una reconciliación, romper un pacto de no hablar por una foto graciosa o pegar cuatro gritos en un parque.

Igual que el duelo de un muerto no termina nunca, creo que una ruptura tampoco. H y yo dejamos de ser pareja hace casi una década y la amistad tan fuerte que nos une está marcada para siempre por el duelo de nuestra relación. Él lo sabe y yo también, y creo que está bien. No ocurre solo entre sáficas: en los duelos compartidos hay un entendimiento, un amor suave al que ya no hace falta aferrarse.

Elijo mil veces la complicidad en una ruptura imperfecta frente al martirio de un duelo impoluto y severo, la Bernarda Alba que te da un manotazo porque *eso no se toca*. Y al hacerlo también pido perdón, exnovies, exnovias, exnovios, por airear nuestras miserias. Os juro que no es más que otro torpe gesto de amor.

Nunca hay que fiarse de un relato redondo, sin abolladuras. Lo cierto es que Q y yo discutimos muchas veces en lugares que no fueron el parque de discutir. A veces nos daba pereza ir, otras íbamos y no servía de nada. El parque de discutir no era una solución mágica para que la relación se mantuviera a flote: siempre fue un pacto, una declaración de intenciones y, ahora, una historia de velatorio a la que volver.

Q y yo colgamos el teléfono con la voz aún entrecortada y me pongo a escribir. Al rato, veo que en el grupo que compartimos con algunas amigas están hablando para ir a merendar a la horchatería. Escribo a Q.

–Yo aquí lloriqueando escribiendo mierdas de la ruptura y vosotras quedando para tomar horchata!!! >:(

–JAAJJJAJA eliiiii

Creo que todo lo que quería era esto.

Sɪ sᴇ ᴍɪᴍᴀ ʏ sᴇ ᴀᴛᴇsᴏʀᴀ

Sonia Pina Linares

Me llamo Sonia Pina Linares. *Escribo menos de lo que me gustaría, y ese es uno de los temas a los que siempre vuelvo: cómo hacer para darnos lo que nos hace bien dentro de un sistema que nos constriñe. He publicado textos en las revistas* DXI Magazine *y* Papenfuss *y en el libro colectivo* Conjugar el amor *(La Oveja Roja, 2020). Comparto desde hace años escritos y reflexiones efímeras en las redes sociales. Algunos de mis relatos se pueden leer en el blog Apuntarseaunpeine.com. En 2024 publiqué mi primera novela,* Nada que no sepáis *(La Oveja Roja).*

Si se mima y se atesora

SONIA PINA LINARES

Mientras escribo estas líneas, A. dibuja frente a mí formas geométricas y frases en diagonal. Su pluma provoca un suave crujido en el papel que me encanta. Estamos sentadas en la mesa del comedor de la casa donde ella está instalada y a la que venimos a turnos para visitarla. A. tiene diagnosticado, desde hace un mes, un cáncer de pulmón con metástasis en varias partes de su cuerpo. La casa es de J. y el cuaderno que utiliza se lo he regalado yo, como a ella le gustan: de tapa dura sin anillas, papel blanco de gramaje 120 g.

En la mesa siempre hay dos tarros enormes llenos de rotuladores y un montón de papeles. En muchas ocasiones, mientras habla, traza garabatos, líneas y espirales de colores. A ratos se ríe de la voz que se le está quedando por la medicación y la presión del pecho, y suelta alguna perla de ese fantástico humor ácido que nos maravilla a todas.

A. vive en Valencia hace apenas dos años y en estos momentos no desea tener cerca a su familia. De sus amistades, ha informado del diagnóstico a contadas personas, con las que está en contacto vía telefónica debido a la distancia. El grupo de cuidados que hemos creado para atenderla está formado por unas cuantas personas con las que ha hecho amistad en el corto periodo que vive aquí y que somos, en su mayoría, parte del núcleo duro de la red de J.

Dentro de la dureza de la situación, la experiencia está siendo preciosa y muy enriquecedora a nivel humano; es un placer visitarla y poder disfrutar de esa actitud que A. tiene con la vida, la generosidad con la que devuelve cualquier gesto de cuidado, esa capacidad de asombro y alegría que mantiene a pesar del dolor y los pronósticos. La casa de J. se está convirtiendo en un lugar de encuentro en el que, cuando la

energía y el dolor de A. lo permiten, hacemos
por coincidir varias de las personas del grupo,
que nos estamos conociendo mejor entre nosotras gracias a estas visitas.

Si nombráramos –y viviéramos– las cosas de
manera «normal», podríamos decir que A. es
la actual pareja de J., y que J. es mi ex. Do-
blando la apuesta, incluso se podría afirmar
que varias ex de J. nos estamos organizando,
junto con otras amigas y amigos, para cuidar a
su actual pareja. Escribo esto y siento un alivio
tremendo por no reconocerme ni reconocernos
en estas etiquetas, en esas categorías que nos
son tan ajenas. Lo que siento en realidad es
que una línea de amor presente entra y sale de
unos a otras; ni *exqueremos* ni *ahoracuidamos*,
¿o acaso es el amor pasado el que cuida en el
presente? Dejo de escribir y me quedo colgada
de esta pregunta, mirando un punto fijo. A. me
mira con expresión divertida; que si quiero un
helado de horchata, dice. Los médicos le han
aconsejado reducir el azúcar mientras dure el
tratamiento de quimioterapia, pero ya se sabe

qué pasa con las prohibiciones y los deseos.
Tras el helado, vuelvo a mi pregunta, que ha
variado un poco o tal vez es la misma con diferente sabor: este amor que ahora cuida a A.
¿es nuevo? ¿Es mi amor por J. transformado?
¿Cuido a A. cuidando a J.? ¿Cuido a J. cuidando a A.? Cuido de cuidando a: transitividad,
intransitividad.

Durante el primer ingreso hospitalario, estando yo de turno en la habitación, entró la
oncóloga y me preguntó: «¿Tú quién eres?».
Por su mirada y su gesto, entendí que se trataba de una pregunta importante en ese contexto. «Una amiga», dije yo. Explicar el ovillo
de vínculos entrelazados hubiera sido mucho
más complejo, pero siento que, ocultándolo,
también estamos invisibilizando prácticas que
sería útil y bello mostrar: conservar los amores que valen la pena, no mantener relaciones
que coarten estos vínculos como reafirmación
del amor, transformar amorosamente para no
usar y tirar, querer a quien quiere querernos, y
muchas otras cosas que, con mayor o menor

acierto, intentamos hacer en nuestra red. En el peor de los casos, nos toca utilizar palabras que no nos gustan para hacernos entender. ¿Soy la ex de su pareja? Esto es tramposo y falso. Tiro del hilo y pongo el foco en ese monosílabo que me es tan antipático: «ex».

Destripémoslo: ser ex de alguien ¿es un lugar? Ya no te quiero, me voy. ¿Es un sentimiento? Ya no te quiero, siento otra cosa. ¿Es un tiempo verbal? Ya no somos, fuimos. ¿Pasa a estado gaseoso algo que era sólido? ¿Se desintegra? ¿Ya no somos nada? ¿Nadie? Y mientras, qué sabrá la vulnerabilidad de etiquetas, el dolor de cabeza de identidades, la fibromialgia de roles, un tumor de desamores y duelos.

En 2024 publiqué una novela en la que un grupo de amigas de casi 70 años se organizaban para cuidar a una de ellas, Tere, que había tenido un ictus. Encarna, la protagonista, había estado muy enamorada de ella cuando estudiaban en la facultad y, de alguna manera, tuvieron una relación de esas que no llegan a nombrarse y acaban muriendo de inanición. Aquí abro un paréntesis para aclarar que yo, al contrario de lo que se recomienda en algunos cursos de escritura, no lo sé todo sobre mis personajes, y hay aspectos que se me escapan sobre sus sentimientos e intenciones, así que ante la duda prefiero preguntar: «Encarna, ¿dónde guardaste durante décadas el placer de acariciar la melena de Tere? ¿Crees que el amor caduca? Esas ganas de cuidarla, 50 años después, ¿se alimentan del amor pasado? En varios clubes de lectura, el tema central ha sido si cuidaste a Tere porque seguías enamorada o la hubieras cuidado igual si "solo" fuerais amigas. Hasta qué punto influyó tu enamoramiento, la relación que tuvisteis a los 20, en el cuidado que le estás dedicando a los 70. ¿Qué ha sucedido en esos 50 años?, ¿medio siglo de amor en conserva?».

«Se puede cuidar a los 70 lo que se quiso a los 20 si se mima y se atesora, así crecen lustrosas las plantas que son bien atendidas», eso me contestarías, y yo no necesito más aclaración.

Rebuscando en la carpeta «Novela» de mi escritorio, donde duermen los apuntes que tomé durante el proceso de escritura y muchos descartes que se quedaron por el camino, me encuentro con este formulario que en la recepción del hospital le dieron a Encarna para rellenar en uno de los ingresos de Tere por microderrames posteriores al ictus.

FORMULARIO

Nombre: Encarna Real
Parentesco: NS/NC
Observaciones:

«Es parentesco sin sangre una amistad verdadera», decía Calderón de la Barca. Podría poner «amiga», por tanto, que me parece adecuado y hace referencia a un vínculo precioso, si bien me gustaría honrar el amor que hemos tenido con un apelativo que goce de más reconocimiento social y se nombre además en presente, aunque haya tenido su clímax hace medio siglo, porque, díganme ustedes, qué le importará la parentela al ictus hemorrágico que

sufrió Tere el año pasado y que la lleva de ingreso en ingreso desde entonces. Prefiero por tanto dejar sin contestar el apartado «parentesco», antes que utilizar un tipo de relación no incluida legalmente en el mismo.

Nadie lo explica mejor que tú, Encarna.

Escribí esta novela convencida de que la ficción puede ayudar a generar una realidad que nos guste más que aquella de la que se alimenta, en un continuo realidad-ficción-realidad que puede contener muchísima potencia. En uno de esos bucles que tiene la vida, me veo ahora transitando una situación no igual pero muy similar a la de Encarna y sus amigas: los cuidados al margen de los mandatos sociales, y con parámetros distintos a los habituales o normativos. Quiero resaltar que aquí este término, «normativo», no lo utilizo de manera amplia o figurada; para poder cuidar y atender la voluntad de A. estamos haciendo un verdadero hackeo a los artículos 806 y siguientes del Código Civil.

A. está recibiendo muchas visitas de vínculos importantes; presentes y pasados, personas que han estado en su vida en otro tiempo y con las que ahora comparte menos presencia, pero un amor muy vivo. Según ella misma reconoce, no todo el mundo está preparado para mirar a la cara un pronóstico complicado, por miedo quizá a su propia vulnerabilidad. Y eso que ella lo pone fácil: a poco que te descuidas te ves convertida en cuidadora cuidada y todo son galletas, refrescos, helados.

Vuelvo a los parentescos, y es que algo curioso que pasa con ellos es que unos refieren a otros como si tiraras de una cereza y te llevaras las demás: si se ha tenido descendencia común, esa persona pasará a ser «la madre/padre de mis hijxs», lo cual significa que sigue estando bajo el paraguas de la familia y gozará de ese estatus. Sin descendencia, no será más que «ex» y enviada fuera de los muros. Ojalá consigamos algún día inventar esa palabra que nombre la relación de tantas personas que se siguen yendo de vacaciones juntas y se cuidan en los ingresos hospitalarios. Esas personas que, en ocasiones, siguen haciendo la cucharita en la siesta y lo hacen, tal y como comentaba mi amiga G., de manera distinta a la cucharita de las amigas o a la de las amantes. Una palabra que no nombre el hueco, lo que ya no es, sino lo que todavía late y es cierto, palpable. Y aquí se me engancha otra cereza:

Mi padre murió en 1997. En 2019, mi madre nos anunció que iba a celebrar sus bodas de oro; los 50 años desde que se casaron, aunque llevara ya 23 sin él. Fuimos a un restaurante sus hijas, nietas y yernos, y celebramos eso que existe porque *se mima y se atesora, así crecen lustrosas las plantas que son bien atendidas*, tal y como afirma Encarna. Celebrar lo que fue es celebrar lo que es, aunque no tengamos forma de nombrarlo.

Es obvio que mi padre no tiene el estatus de ex, sino de esposo fallecido. Me planteo cómo hubiera sido todo si mi madre hubiera empezado una relación con otra persona en estos años de viudedad; si mi padre hubiera pasado entonces a la categoría de ex y si estas bodas de oro se hubieran celebrado o no.

Es algo que nunca sabremos, pero es lo que tiene sacar cerezas de un cesto.

Regreso a mi carpeta «Novela» y sigo buscando en ella. Encuentro retazos, ideas, párrafos inacabados. Veo una carta sin publicar que Rosa, la hermana de Tere, escribió cuando se trasladó al piso familiar de la Gran Vía a cuidarla, tras el ictus que esta había sufrido. Va dirigida vía *mail* a su otro hermano, que vive en Tarragona.

Hola, Vicente,

En tu mensaje anterior me pedías que te fuera contando la evolución de nuestra hermana y de la convivencia en el piso grande. Te diré que a veces es difícil, este no es mi hogar y no se me hace cómodo estar aquí, aunque reconozco que es mejor que llevarla a mi casa. Tere a veces está más presente, pero en ocasiones se la ve como enfadada y arisca, dicen los médicos que es normal después de un ictus.

Otra cosa que se me hace también complicada es recibir las visitas de sus amigas, que vienen de una en una casi todas las tardes. Entiendo que quieran verla, pero es como si quisieran ser parte de la familia. Sobre todo, viene Encarna, no sé si te acuerdas de ella, una que es lesbiana y que fue a la facultad con Tere, iban muy juntas siempre. Opina todo el rato sobre si Tere está bien en el piso, si las cortinas deben estar abiertas o cerradas, si debe o no ir a la residencia de Tarragona, si sale bastante a la calle, incluso sobre cómo va vestida. Dice que hay que ir a casa de Tere a por su ropa, y preguntarle si quiere tintarse el pelo, ya ves, como si nuestra hermana estuviera ahora para pensar estas cosas. Lo que me molesta es que se vea con el derecho de opinar o decidir, como si la familia no fuéramos capaces de hacernos cargo de Tere y su bienestar.

*Ya te seguiré informando, envíame las fotos de
la residencia cuando puedas.*

Un abrazo,

Rosa.

Me alegra que Encarna no haya leído esta carta, le hubiera dolido bastante. O no, la verdad
es que no dice nada que ella no sepa. Además,
tener o no el derecho de decidir sobre la vida
de Tere es algo que, por suerte, a mi protagonista le da bastante igual. Ella diría, con Simone
Weil, que son las obligaciones las inherentes a
la condición humana, no los derechos, y que
son anteriores y superiores a ellos. Que esos
derechos que otorga el parentesco no son más
que cromos pegados en un código, el invento de
una partida de mandangas con miedo a la verdadera potencia de la vida. También diría, con
Gopegui, que la libertad es hacer lo necesario,
y otras muchas sentencias con las que dejaría a
Rosa *verde perejil* y a su hermano, *fino filipino*.

Decido parar de escribir y sumarme a la merienda espontánea que se está organizando. Hormigueo de vínculos, enjambre de amores sin etiquetar, sin cronologías, principio ni final. A. se mueve por la cocina con más agilidad que cualquiera de nosotras. Cuando le llega el dolor agudo, busca dos manos para apretar. Las encuentra sin dificultad y, al acabar el pinchazo, sonríe aliviada.

Algo así debería ser la vida.

Lo que la ciencia nunca dijo sobre las exes

Alicia Tamarit

ALICIA TAMARIT *(1994, ella) es valenciana, profesora universitaria, sexóloga, lesbiana y exbisexual. Su tesis doctoral* Ajuste psicosocial en mujeres y personas no binarias queer: Intersecciones entre género y orientación sexual *(2023) refleja su foco de investigación, centrado en la salud mental de grupos minorizados dentro del colectivo* LGTBIAQ+, *que ha desarrollado en sus colaboraciones con University of London y King's College London. Entre sus intereses se encuentran el activismo en ciencia, queerizar la academia española, la divulgación en el contexto transbibollo y las películas de Julie Andrews.*

Lo que la ciencia nunca dijo sobre las exes

ALICIA TAMARIT

Es la tarde del 28 de abril de 2025, estoy sola en casa y ha habido un apagón. Podemos decir que he tenido suerte porque acabo de volver de Londres, he cogido un vuelo, dos metros y un ascensor, y la casualidad ha querido que me pille viendo tiktoks en el sofá y pensando que se ha ido el wifi. A pesar de esta suerte, he acabado bastante desquiciada, porque no me llega la cobertura en ningún punto del barrio, las vecinas dicen que se ha ido la luz en toda España y hay algo profundamente inquietante en ver todos los semáforos apagados y no saber por qué. He visto a amigas reír en terrazas como si no pasara nada, a un señor acabándose los polos del congelador en su balcón. No sé cómo está mi madre, mi novia en Londres no sabe cómo estoy yo. Prefiero quedarme en casa por si vienen a buscarme, aunque también es porque me da miedo salir. ¿No tenía por casa un transistor a pilas? Le quito el polvo y me lo llevo a la cama, pienso en cuántas cocinas de gas además de la mía hay en el edificio, ¿me llegarán las velas para una noche?, creo que me queda una del invierno pasado, es de naranja y canela si no recuerdo mal, escucho las historias de la gente por la radio… y una y otra y otra y otra.

Me despiertan unos golpes. *PUM, PUM, PUM. ALICIA, ABRE. PUM, PUM, PUM.*

Abro la puerta. Es mi ex. Lleva en la mano una bolsa de Consum con dos bloques de tofu y un calabacín.

–He venido a por ti.

Politraumatismo cardíaco severo

Viéndonos caminar por la calle, nadie habría dicho que éramos una trieja. Una persona especialmente observadora, o decididamente cotilla, habría tenido que calcular la frecuencia de nuestros roces o el flirteo en nuestra risa para darse cuenta de que claramente no éramos tres amigas cariñosas. Alguien habría tenido que mirar en nuestra dirección durante el tiempo suficiente para captar una, y otra, y otra más de las combinaciones de besos que nos podríamos dar para decir: «Aquí pasa algo raro». Las aceras de Valencia no son cómodas para que tres personas vayan de la mano, pero incluso cuando lo hacíamos, era poco probable que las personas de alrededor dedujeran que formábamos un vínculo estable a tres y dormíamos en la misma cama. Al fin y al cabo, una criatura de la noche (Álex), una artista tatuada (Noa) y una pelirroja con pintas de turista australiana (yo) no hacíamos la visión más convencional en las calles de Ruzafa.

Como es de esperar, pocas cosas en nuestra relación eran convencionales. Cuando alguna de nosotras había tenido una cita, nos juntábamos en el piso de Álex en torno a una tarrina de litro de helado y nos contábamos la noche de principio a fin. Nadie quería dormir en el medio y casi siempre le tocaba a Noa, que nunca se quejaba y dormía del tirón a pesar del calor. Siempre había demasiado poco espacio y demasiado poco dinero y era alarmante la cantidad de cosas que están hechas en número par, como las almohadas o las ofertas de Groupon o la cantidad de croquetas que vienen en una ración en el bar. Pero cuando tienes veintipocos años, esas cosas dan bastante igual. Y cuando estás con Álex y Noa, todo hace tanta risa que no te importa vivir cosas malas si se pueden convertir en historias increíbles. Como aquella vez que fuimos a Madrid en el coche viejo de Álex y no sabíamos cómo salir de un *parking* en un descampado y le dije a Álex: «Estoy segura de que es por ahí». Y Noa dijo: «Claramente es la salida», y como estábamos todas de acuerdo, Álex lanzó el coche escaleras abajo por la salida de peatones y juramos chillando no volver nunca a Madrid.

Como casi todo en la vida, cuando Álex y Noa me dejaron, lo hicieron a la vez. En su defensa diré que no es difícil que se acabe el amor por una chica evitativa absorbida por su trabajo en la universidad que siempre tenía un pie fuera de la puerta; que cuanto más las quería, más miedo le daba y más cosas se perdía, más viajes, más noches calurosas y más meriendas en torno a una tarrina de helado. Y por qué no decirlo, también me dieron una excusa para hacerme la víctima de aquí al 2058, porque te pueden pasar muchas cosas malas, pero una doble ruptura simultánea no está en la carta de bingo de la mayoría de personas. Y como buena chica evitativa absorbida por su trabajo en la universidad, para superar este revés de la vida me puse a buscar qué dice la ciencia sobre rupturas poliamorosas.

Poli bueno, poli malo

Elisabeth Sheff es una socióloga y escritora estadounidense que ha dedicado su carrera al estudio y la divulgación del poliamor, y ha realizado uno de los pocos estudios académicos que existen sobre rupturas poliamorosas. En el capítulo titulado «Not Necessarily Broken»,[1] entrevista a 131 personas poliamorosas y extrae una serie de conclusiones que pueden servir como hoja de ruta para las no monógamas que se han perdido en su red de afectos. Sheff asegura:

1. Que muchas relaciones no monógamas duran más que las monógamas gracias a su flexibilidad. La abundancia de normas, exclusividad sexual y afectiva y roles establecidos puede limitar las alternativas frente a los conflictos, y la opción de romper la relación deviene más probable.

2. Que, cuando la ruptura es la solución en una relación no monógama, la

---

1 Sheff, Elisabeth. «Not Necessarily Broken: Redefining Success When Polyamorous Relationships End». En: *Selves, Symbols, and Sexualities: An Interactionist Anthology*. Buffalo: SAGE Publications, Ltd.; 2015. pp. 201-214.

propia naturaleza de estas relaciones permite imaginar otras formas de terminar, o transformar, los vínculos. La conexión entre dos personas tras una ruptura se cuida y se mantiene debido a esta capacidad transformativa, que en la monogamia es menos practicada.

3. Que la monogamia ha evolucionado en las últimas décadas, adoptando orgánicamente los rasgos que estamos atribuyendo al poliamor. Las monogamias en serie han necesitado de transiciones suaves tras las rupturas para proteger los vínculos, así que ya no es raro tener relaciones saludables y frecuentes con nuestros exes en cualquier estilo relacional.

Lamentablemente, la mayoría de las entrevistadas eran personas estadounidenses blancas, de clase media o media-alta, personas cis, concretamente, hombres heterosexuales y mujeres bisexuales. La propia Sheff alerta de este problema, dejándonos claro que este estudio, y todos aquellos de este tipo, van a representar desproporcionadamente a las personas antes mencionadas.

El problema de Sheff no es un problema suyo, es de todas las académicas, precarias o no, que nos hemos quedado con las conclusiones que nos dieron las personas más parecidas a nosotras. Por ejemplo, ¿dónde solemos buscar «población general» en nuestros estudios en psicología? Generalmente, en nuestras propias estudiantes, que es básicamente aplicar el filtro de búsqueda de «personas con acceso a estudios universitarios» y basar en ello nuestra comprensión de la conducta humana. Con poblaciones minoritarias (como en este caso es «personas poliamorosas que han pasado por una ruptura»), la cosa se pone aún más *crocanti*: ¿cuánta diversidad hay en nuestros círculos? ¿Cómo de representativa es nuestra experiencia individual, o la de nuestras amigas, para las no monogamias del resto del planeta?

Este problema ha sido el foco central del libro de Kevin A. Patterson *Love's Not Color Blind.*[2] Traslada el discurso de Aida Manduley y Jess Mahler sobre el uso del término *«poly»* como abreviatura de *«polyamory»*, poliamor en inglés. Estes autores hablan sobre las dificultades de las personas de origen polinesio a la hora de encontrar a su comunidad en espacios virtuales, ya que el término que siempre las ha unido ahora abunda en foros sobre poliamor. En España no tenemos este problema, ya que «poli» no representa a ninguna comunidad oprimida (de hecho, animaría a les compañeres a copar este SEO particular), pero es un buen ejemplo de la forma en la que el poliamor blanco (o lo blanco, en general) ocupa los espacios, aun con la mejor de las intenciones.

Probablemente a las poliamorosas españolas que nos hemos educado leyendo a la Vasallo nos

2 Patterson, Kevin A. *Love's Not Color Blind: Race and Representation in Polyamorous and Other Alternative Communities*. Portland: Thornapple Press; 2018.

ha pasado un poquito menos.[3] Con ella aprendimos a identificar los solapamientos perversos entre monogamia, heterosexismo (y todos los -ismos que afectan a las personas trans, nobinarias, intersex, asexuales y más compañeres del colectivo LGTBIAQ+), androcentrismo, capitalismo y supremacía blanca; que se dice pronto, pero pocas teorías sobre no monogamia incorporan esta mirada interseccional.

A la vez, que nos haya pasado un poquito menos no significa que no nos haya pasado en absoluto. Incluso para leer a la Vasallo, o para leerme a mí, existen barreras de accesibilidad en conocimiento, estudios e idiomas que atraviesan la clase y la capacidad económica. A las bolleras poliamorosas nos queda muy lejos la experiencia de las compañeras bisexuales, que no solo tienen que aguantar comentarios horribles sobre su promiscuidad o que hablen a sus novios como si ellas fueran sus trofeos. Una y

---

3 Vasallo, Brigitte. *Pensamiento monógamo, terror poliamoroso*. Barcelona: Oveja Roja; 2018.

otra vez leemos a Noemí López Trujillo[4] y Elisa Coll[5] recordando a la comunidad sáfica que las mujeres bisexuales están más expuestas a violencia sexual. Repitamos para les del fondo: ¡no existe el privilegio bisexual! Las poliamorosas blancas no pensamos en los problemas de las compañeras racializadas, migrantes o aquellas con familias que tienen estructuras no eurocéntricas. Las cises no nos preguntamos cómo navegan estilos relacionales diversos las personas trans y no binarias que nunca han estado a salvo en nuestros barrios. ¿Qué hay sobre las personas discas o neurodivergentes en los estudios sobre salud mental? Hay libros enteros sobre la experiencia sáfica y marica que combaten el modelo hegemónico de la monogamia, pero tratan los cuerpos, el sexo y el

---

4 López Trujillo, Noemí. "Las mujeres bi sufren más violencia sexual: no solo son las agresiones, nuestra palabra se cuestiona más". Newtral.es; 2023. Consultado el 23 de agosto de 2025.

5 Coll, Elisa. *Resistencia bisexual: mapas para una disidencia habitable*. Barcelona: Melusina; 2021.

amor como si las personas intersex, asexuales y arrománticas simplemente no existieran.

El caso es que ahora mismo estamos tú y yo intentando hacer frente a esta cuestión. Tú, que lees mis palabras con curiosidad de ver a dónde quiero llegar (¿no estábamos hablando de mi vida amorosa?), y yo, que vengo con una amalgama de ideas que no necesariamente vienen de mí, sino de ese libro que leí o ese vídeo que miré en el sofá de casa o esa conversación que escuché en la parada del autobús. A veces son las cosas más pequeñas las que le cambian a una radicalmente el pensamiento.

Cómo superar la ruptura de tu novia

Cuando estaba con Julia, me dejó Rebecca, y mientras estaba con Rebecca, me dejó Julia. En este momento pueden estar surgiendo varias preguntas. La primera y más importante: «Alicia, ¿por qué te deja todo el mundo? ¿Eres una pringada o una *red flag* con patas?». He de decir que cuando eres un zorrón poliamoroso acabas teniendo tantas relaciones que por estadística te van dejando unas cuantas, y tú dejas otras tantas. Cada vez que me quejo a Joan de algo que hace, que suele ser más o menos cada tres días, me dice: «¡Ah! Pues no haberme dejado» (le dejé hace 13 años). Total, que la proporción no es descabellada y, además, correlaciona con que soy un zorrón poliamoroso extremadamente complaciente y para dejar una relación he tenido que pensarlo durante un año, escucharlo 150 veces de mis amigas y verlo en varias señales de neón y formado por casualidad en mi sopa de letras: «CORTA YA, POR FAVOR».

Me alegra haber aclarado ese punto.

La siguiente pregunta probablemente sea logística: «¿Cómo pasó algo así?». Pues volviendo con Rebecca al mes de dejarlo porque los problemas eran solucionables, pero 1.800 kilómetros de relación a distancia pesan mucho más de lo que parece, y ya parece que pesan muchísimo. El caso es que, si alguien sabe de relaciones poliamorosas y, más importante, de exes poliamorosas son ellas. Yo no sé lo que es que tu novia, esa futura viejita cogida de tu mano en tus fantasías de lesbiana *cottagecore*, la persona que te hace el amor en la cocina y que canta contigo en la ducha, llore desesperada en tus brazos por una ruptura. Ellas me han abrazado, han besado mis lágrimas, me han alimentado cuando no quería comer y se han acurrucado conmigo cuando no quería dormir. Ellas me han dejado sanar, y cuando volví a ser yo misma, se reencontraron y construyeron juntas un lugar lleno de abrazos, sopas en invierno y juegos de mesa. La ciencia no me enseñó a superar una ruptura sáfica poliamorosa, lo hicieron ellas: Julia me llevó a ver *Rocky Horror Picture Show* y Joan me trajo *tuppers* y Rebecca escuchó mis pensamientos en bucle hasta que dejé de llorar, y lo han hecho siendo mis novias y mis exes, de la misma forma incondicional con la que cuidan las amigas de toda la vida.

Escoja su estilo relacional

Así en bruto, los datos de Sheff que hemos leído antes nos dieron una información valiosa, probablemente más para las personas que se parecen a las participantes de su estudio. Tal vez precisamente por esto, y a pesar de ser blanca y casi del todo cis, a mí no me resuena demasiado. ¡Eso no significa que no en absoluto! Pienso en mi relación queerplatónica de diez años que *digievolucionó* de «estamos liadas» a «amistad romántica de lesbianas del siglo XIX» de forma similar a las metamorfosis poliamorosas de las que habla Sheff. Pero puede que, por haber leído a Patterson, Manduley, Mahler o a la Vasallo, o porque ninguna de mis rupturas no monógamas se han parecido entre sí, estos datos no terminan de encajar conmigo. Dicho esto, y basándome en los puntos de la compañera Sheff, propongo una serie de adendas a sus conclusiones:

1. Que la duración de las relaciones afectivas no siempre es lo importante.

Mi relación con Rebecca había durado siete meses cuando lo dejamos. Una semana después estábamos destrozadas, cada una en su país y cada una a su manera. Su compañera de piso la vio hecha polvo, le preguntó «qué te pasa» y Rebecca le dijo: «Corté con Alicia la semana pasada»; y la compañera la miró extrañada: «¿Y todavía estás mal?». El día laborable siguiente a la ruptura saludé a mi compañera de trabajo en la cafetería de la facultad. Le conté lo que había pasado, sonrió apartando la vista: «Ah, bueno, pero sigues con Julia, ¿no? Un cortado, por favor. ¿Tienes clase hoy?». Nunca sabremos si fue por lo breve, lo poliamoroso, lo lesbiano, la «relación a distancia internacional», o todo junto. A lo mejor no le gustaban las italianas.

2. Que la no monogamia no tiene por qué asegurarte una ruptura cuidadosa o que la transformación del vínculo sea mejor que cortarlo de cuajo.

A las exes, a veces, también hay que odiarlas. No le debemos a nadie un buen duelo y a veces no nos tratan bien, y cuidarnos pasa por mandar a alguien rotundamente a la mierda. Aquí hablo de las exes que se quedaron, pero las hay que están bien fuera, justo donde deben estar.

3. Que no sirve de nada observar la fluidez de los vínculos si nuestra mirada ya parte de la rigidez de la normatividad.

Eris Young trata este tema en su libro *Ace Voices*,[6] que casi literalmente da voz a las personas que se encuentran en el espectro de la asexualidad y el arromanticismo (que en inglés se recogen en el término *«ace»* por su inicial «A») y lo que su existencia significa para una sociedad que no solo las rechaza, es que ni siquiera contempla que existan. La forma en la que las personas *ace* establecen vínculos afectivos desafía los preceptos de un mundo que

6 Young, Eris. *Ace voices: What It Means to Be Asexual, Aromantic, Demi or Grey-ace.* Londres: Jessica Kingsley Publishers; 2022.

asume que, aunque te gusten personas de tal o cual género, o varias al mismo tiempo, todas nos ponemos cachondas y nos enamoramos generalmente de la misma manera y con la misma intensidad. Que ser humana es follar y enamorarse, y a quien no lo hace algo le pasa. Las personas *ace* han construido redes más allá de la familia en una sociedad que considera que el amor romántico y el sexo es ser «más que amigos», y en cuyas comunidades poliamorosas la afectividad ha estado siempre ligada a la pareja (o trieja, o cuatrieja, ya me entendéis). Como dice Young, hacen falta más voces *ace* en nuestros libros y textos sobre lo no monógamo, porque en un sistema en el que parecen no existir, su forma de no follar y no amar (o no hacerlo de forma normativa) podría ser el desafío definitivo a la norma. ¿Es lo *ace punk*? Abro debate.

4. Que la monogamia hegemónica tiene sus raíces plantadas en el capitalismo, el neoliberalismo y la familia nuclear como sistema de

organización social, pero que también hay formas revolucionarias de practicarla.

El movimiento antirracista recuerda a menudo que los actos de liberación política pueden lucir diferente para diferentes grupos sociales. Personas negras e indígenas han sido sistemáticamente separadas de sus familias y comunidades desde el colonialismo, y para ellas una relación lenta, estable y duradera dentro de la monogamia podría desafiar este eje de opresión. No obstante, escritoras como Sophie K. Rosa[7] advierten que la no monogamia como acto político no solo pertenece a la clase media blanca, y que la imposición de la monogamia como estructura social por defecto también es una forma de opresión colonialista. Vamos, que al final del día esto no consiste en el número de vínculos, sino en la intención que ponemos al vincularnos. Y más allá, que fiscalizar la forma en la que las compañeras se relacionan lo único

---

7 Rosa, Sophie K. *Challenging Monogamy Is a Political Act*. Novara Media; 2022. Consultado el 23 de agosto de 2025.

que consigue es complicidad con el mismo sistema que estamos combatiendo.

¿Quiero concluir con esto que el estudio de Sheff no vale nada por basarse en personas blancas? ¡Claro que no! Cada trabajo tiene sentido y valor en su contexto. Mientras que Sheff parte de una premisa más científica, psicólogas como Kathy Labriola[8] o Jessica Fern[9] han escrito verdaderas guías clínicas sobre cada uno de los casos que he comentado más arriba y muchos más. Aun con sus limitaciones, todos los pequeños avances que hagamos, en forma de artículo, libro, encuesta, informe, tuit o vídeo viral, son un espacio que antes no ocupábamos. Y aún mejor, así aprendemos unas de otras, seguimos generando plataformas y

---

8 Labriola, Kathy. *Rupturas y no monogamias: causas, prevención y supervivencia*. Madrid: Continta Me Tienes (Thornapple Press); 2019.

9 Fern, Jessica. *Una red segura: apego, trauma y no monogamia consensuada*. Madrid: Continta Me Tienes (Thornapple Press); 2022.

amplificamos las voces que son menos escuchadas. Hagámoslo todo desde una mirada salvajemente transfeminista y radicalmente anticolonialista, aunque sea algo tan pequeño como entender una ruptura poliamorosa.

Exes: todas a la vez y en todas partes

Lola Olufemi escribe en *Feminism, Interrupted: Disrupting Power*[10] sobre mujeres y feminismo y todas las formas en las que se ha dividido nuestra lucha en común. Me permito la licencia de compartir una cita suya para ilustrar mi punto en concreto:

> *El feminismo tiene el potencial de transformar nuestra forma de vida, pero antes debe desligarse del neoliberalismo que entorpece nuestra capacidad de imaginar. Al liberarlo, debemos reconocer que existen preguntas difíciles y complejas que responder sobre cómo*

10 Olufemi, Lola. *Feminism, Interrupted: Disrupting Power*. Londres: Pluto Press; 2020.

> *hacer que el mundo sea habitable para todas y todos. Esto implica prestar mucha atención a las estructuras que organizan nuestras vidas, comprometernos con la lucha y rechazar el deseo de simplificar la tarea que tenemos por delante.*

Con este ánimo de no simplificar nada, y a mucha menor escala de lo que habla Olufemi, estoy a todas horas rodeada de exes.

Exes locas, desviadas, sodomitas y la mejor compañía para jugar al Catán.

Exes que en lugar de una tarrina de helado me cuentan su vida en torno a un café. Exes que me invitan a todos sus conciertos y hacen que una cerveza dure horas y horas, que se sentaron conmigo cuando me atasqué con mi tesis y que me tejieron unos mitones porque hacía mucho frío en mi casa.

El ex que en mitad de un apagón vino a mi casa con dos bloques de tofu y un calabacín porque «venías hoy de viaje y pensé que no tendrías comida», y la ex que no quiso ser mi ex ni un segundo más y ahora me está sonriendo desde el otro lado de la habitación.

Exes que tienen en su llavero las llaves de mi casa y celebran con nosotras todas las ocasiones de la vida.

Que se besan, se abrazan y se quieren, y entre ellas tejen la red que me sostiene y sobre la que puedo dormir plácidamente, sin miedo a nada. Con la cabeza apoyada en las manos y pensando que, después de todo, soy una zorra con suerte. Qué cosa más sencillamente revolucionaria.

VALENTINA BERR *(Ripollet, 1993) es escritora, divulgadora social, madre felina e intolerante a (casi) todo lo que le gusta comerse. Escribe aquí y allá sobre la figura de la exnovia en el universo les/bi/ano e imparte el taller «¿Quieres ser mi futura ex? | Una reconstrucción les/bi/ana de los imaginarios sobre la figura de la exnovia». Es autora del libro* La respuesta a todo lo que preguntarías a una tía trans *(Editorial Egales) y del prólogo de los libros* Una breve historia de la transmisoginia, *de Jules Gill-Peterson (Verso Libros, 2025), y* La transfobia no es feminista, *de Bàrbara Ramajo (prole, 2026).*

Con estudios postuniversitarios en Género y Comunicación (UAB), también ha colaborado en medios como Planta Baixa *(TV3),* La Tarda *(Catalunya Ràdio),* Lo Normal *(Cadena Ser) y* Pikara Magazine, *entre otros. Ha sido premiada por el Ayuntamiento de Ripollet y también galardonada en los Premios T estatales 2022 de ATA-Sylvia Rivera por su labor de defensa y visibilización de los derechos trans.*

La encontrarás en la prensa de vez en cuando, en Instagram (@valentina.berr) cada vez menos y, de forma ocasional, en alguna sauna les/bi/ana de Bolleras al Vapor. Si te quieres acercar a ella, hazlo con morro y con cariño. Sea donde sea.

Ex libris

VALENTINA BERR

*Para Marta P., gracias por manchar mis palabras y
mi vida de utopía y de barro.*

jajaja

Decidiste romper conmigo el mismo día que
Laura Escanes se tatuó la firma de Risto en el
culo. Me acuerdo porque esa mañana te mandé
el *tweet* de Laura y te pregunté si te querías
hacer lo mismo.

–Nos hacemos lo mismo? Jajaja.

–Jajaja.

Nada más. Lo suyo fue una promesa de futuro
con aroma a fracaso. Lo nuestro se las prome-
tía a fracaso y, sin embargo, su aroma contenía
suaves notas de futuro.

Por la tarde viniste a mi terraza con vistas al mar. Con vistas al mar a menos que seas miope, porque queda a tres kilómetros de distancia y con un montón de edificios que median entre el azul marino de las olas y el naranja ladrillo de mi ático de alquiler en Sant Martí. Así es la belleza de vivir en Barcelona: tenerla tan cerca que parece que la puedes tocar, pero casi nunca la puedes tocar.

Esa noche, a ti, tan bella que escueces como una herida en la playa, sí que te pude tocar. Ceremoniamos nuestra ruptura con el clásico polvo de despedida, ese polvo en el que se dicen y se hacen cosas que aguardaban contenidas. Follar contigo sin miedo a perderte porque ya sé que te he perdido: este *follar* sí supera a los placeres de comer y dormir. Incluso al de tener razón, porque tenerla también implica el miedo a perderla.

Escribo todo esto porque hoy he tenido mi primera cita con Helena y hemos hablado de esta ruptura y de la coincidencia con el tatuaje de Escanes. Nos hemos reído mucho.

Mía

Lleva días rondando por mi cabeza la locución *«ex libris»* que vi no sé dónde y me llamó la atención, como todo lo que incluye el prefijo «ex». Según la primera definición creada por la IA que me aparece al buscar *«ex libris»* en Google, Wikipedia advierte que dicha locución viene del latín «de entre los libros», y que es una marca de propiedad que se coloca en un libro para indicar que es propiedad de alguien.

Si en lugar del buscador general uso el buscador de Noticias de Google, lo que descubro es que Ex Libris es una empresa israelí que provee tecnología a bibliotecas de todo el mundo, cuya sede principal se encuentra en el Malha Tecnology Park: territorio ocupado donde antes se levantaba la aldea palestina de Al Maliha.[1]

---

1 Babiker, Sarah. «Ex Libris, la empresa israelí que provee tecnología a las bibliotecas del mundo». *El Salto Diario*, 15 de mayo de 2025. Disponible en: https://www.elsaltodiario.com/israel/ex-libris-empresa-israeli-provee-tecnologia-bibliotecas-del-mundo

Yo hoy vengo a usar esta locución latina como punto de partida para explorar un tercer sendero conceptual que no tiene que ver ni con libros ni con genocidios, aunque al final todo está relacionado. Tomaré como referencia el primer resultado de Google, aunque no dejamos de recordar la noticia de que, mientras tecleo, Israel sigue cometiendo un genocidio con la complicidad y el dinero de Occidente. Sí, el tuyo. Y el mío. A menos que sigamos los boicots del movimiento BDS. Hablemos de lo que hablemos, nada tiene sentido sin la liberación del pueblo palestino y del resto de territorios ocupados.

Volvamos a la definición de *«ex libris»*: «Una marca de propiedad que se coloca en un libro para indicar que es propiedad de alguien». Pienso en cómo el amor romántico y la cisheteromonogamia pasean agarradas de la mano con el capitalismo cual trieja, otorgando significados rígidos y exclusivos a lo que pasa entre las amantes, y me resulta cuando menos curioso que *«ex libris»* vincule la palabra «ex» a «propiedad». En teoría, según lo que nos han enseñado sobre el amor, son las parejas presentes las que se poseen la una a la otra, y es justamente el devenir *ex* lo que nos convierte en pasado, lo que nos arrebata esa propiedad en beneficio de una tercera persona presente o futura que ocupará ese puesto: el de la posesión mutua y, normalmente, exclusiva. *Mía.* Como se tatuó también Laura Escanes, a raíz de un texto que Risto le dedicó en su columna de *El Periódico*[2]: «Mía. Solo mía. Miísima. Más mía no puedes ser. Y no porque yo te lo diga, sino porque así lo has decidido tú». La propiedad en la piel. Como dato curioso: ahora que ya no son pareja, Laura ha borrado/modificado esos tatuajes. Donde dije *Mía* ahora digo *Miami.* Bajo esta doctrina, con el fin del amor se acaba la propiedad. En el presente y en el futuro solo queda, si acaso, el usufructo. Sin embargo, un

---

2 Mejide, Risto. «Mía». *El Periódico*, 18 de septiembre de 2015. Disponible en: https://www.elperiodico.com/es/opinion/20150918/mia-por-risto-mejide-4521682

buen puñado de primeras citas les/bi/anas[3] me
ha bastado para reparar en un detalle: las bi-
bollos no acabamos de regirnos por esas leyes.
O no solamente. Hemos encontrado un punto
de fuga les/bi/ano que se escapa de los tentácu-
los del sistema monógamo y del cisheterorro-
manticismo: nuestra relación con las exnovias.
No solo con las personas que devienen ex, sino
con el vínculo en sí mismo. Donde el resto ve

---

3 Utilizo el término les/bi/ana como una apropiación in-
tencionada del recurso gramatical que Monique Wittig
emplea en textos como *El cuerpo lesbiano* para romper
con la gramática patriarcal y las normas que estructuran
el lenguaje, cuestionando las oposiciones binarias como
masculino/femenino, sujeto/objeto, activo/pasivo. Wittig,
al separar las palabras con una barra, crea nuevas formas
de significación que no dependen de esas categorías. Me
gusta emplearlo aquí, rompiendo la propia palabra *lesbiana*, porque es una forma de cuestionar también esta
propia categoría que habito, al mismo tiempo que nombro
lo bi y rechazo la rigidez de los preceptos del lesbianismo
que se intentan consolidar, y que tratan de *normalizar* a
(algunas) les/bi/anas. Pienso que lo les/bi/ano debe aspirar
a ser radicalmente disidente, y eso pasa por una predisposición al rechazo político de la normalidad.

una amenaza, incluso algo que superar y dejar atrás, muchas veces nosotras vemos en la figura de la exnovia otras cosas. No todas buenas, ojo, no caigamos en la trampa de la idealización. Pero el dibujo es más amplio. Es más, donde el resto ve una figura del pasado, las les/bi/anas alcanzamos a ver a la exnovia, con bastante frecuencia, como una posibilidad de presente, incluso de futuro. El mismo año que Laura se borra los *tattoos* de Risto, mis amigas Aitana y Keila se han hecho un tatuaje conjunto por su primer aniversario de exnovias. Pura cultura les/bi/ana.

Para profundizar en esto, te invito a que soñemos colectivamente una conversación entre dos grandes amigues míes en el plano intelectual: Jack Halberstam (filósofo queer) y Brigitte Vasallo (pensadora de aquellas cosas que otras no habíamos imaginado pensar). Aunque a la Vasallo en el fondo la quiero como si fuera mi amiga de verdad. BRIGITTE CARI SEAMOS AMIGAS O EXNOVIAS PORFA SOY TUYA BESIS.

Sueño contigo[4]

La camarera se nos acerca con una bandeja llena de platitos pequeños.

–ChicOs, aquí tenéis las empanadas. Estas de aquí son las veganas.

Jack, Brigitte y yo nos miramos a la vez con la camarera todavía presente, con esa expresión de complicidad de las marimachos y les trans que, sin decir nada, evidencia un «a saber por quién de nosotres tres nos han dicho *chicOs* esta vez». De fondo, suena Camela. *Sueño contigo, qué*

---

4 Toda esta escena, incluidas las conversaciones entre Brigitte Vasallo, Jack Halberstam y yo, son completamente ficticias y representan parte de un sueño que me he inventado. Sin embargo, he tratado de basar nuestras aportaciones en los respectivos enfoques teóricos de nuestras obras, que os invito a leer si no lo habéis hecho ya. En especial: *In a Queer Time and Place* (Halberstam, Jack; NYU Press, 2005), *Pensamiento monógamo, terror poliamoroso* (Vasallo, Brigitte; La Oveja Roja, 2020) y *La respuesta a todo lo que preguntarías a una tía trans* (Berr, Valentina; Editorial Egales, 2023).

*me has dado, sin tu cariño no me habría ena-
morado*. Jack lo da todo haciendo un *lip sync*
de la canción sin atinar ni una sola palabra
y bromea, imitando la clásica pose de señor
blanco antireggaetonero:

–Ya no se hacen canciones como estas, ¿eh?

Reímos y les cuento que, a mí, esta canción me
marcó especialmente. En su momento me enamoré de una chica que cantaba en una orquesta,
y este era uno de los *hits* más aclamados por el
público. En nuestro tercer verano, cuando ya no
éramos novias, me invitó a acompañarla a su
gira de verano por los pueblos de Aragón. En
uno de los bolos hasta toqué la batería de im-
provisto sustituyendo al baterista, que tuvo una
indigestión. Justamente por unas empanadas en
mal estado. Esa misma noche, mi ex y yo nos
acostamos mientras lo escuchábamos vomitar.
Uno de los polvos más extraños que recuerdo.

–Es que la vida de las les/bi/anas con las exnovias da para otro libro sobre las temporalidades –asevera Brigitte retando a Jack.

–Totalmente. El otro día escuché a una periodista, Nerea Pérez de las Heras, diciendo que, de la misma forma que la temporalidad heteronormativa era casarse, tener hijos… la temporalidad normativa de las les/bi/anas es acabar siendo amiga de todas tus ex.

–Uf, sí, ¡quita, quita! Con lo que nos ha costado aceptarnos y celebrarnos fuera de la norma cisheteromonógama, ¡como para que ahora me digan lo que tengo que hacer para ser una buena les/bi/ana! –exclama Brigitte mientras termina de masticar.

–Aun así –puntualizo tras las risas–, es una realidad. El universo les/bi/ano que habitamos no nos deja más remedio que tener que complejizar esa cultura hetero de desechar los vínculos con nuestras parejas cuando llega la ruptura. Entre la endogamia bibollo que hay tanto en pueblos como en ciudades, las relaciones complicadas con nuestras familias nucleares, que muchas relaciones no terminan por causas internas de la relación sino por lesbifobia, la socialización de género de los sujetos feminizados que nos empuja a tener que ser mediadoras y cuidadoras... pues lógicamente hemos acabado aprendiendo, aunque a veces sea a la fuerza, a construir relaciones más sanas con nuestras exparejas.

–Bueno, y también tiene mucho que ver con el sistema monógamo –interpela Jack a Brigitte–. ¡En tu pirámide de jerarquía monógama, la ex estaría enterrada en un ataúd encadenado y sin llave en el fondo del mar!

–Total, total –niega con la cabeza, que sostiene con dos dedos en la sien, recostada en el reposabrazos con un desdén que evidencia las pocas ganas que tiene de hablar de no monogamias–. También pienso en tantas bolleras que nos hemos sentido mal alguna vez por no mantener relación con una ex con la que hubo una relación violenta o de maltrato. Perdonad que me lo lleve a ese terreno, ¿eh? Pero es peligroso.

–Eso también es verdad. Ya lo dice siempre mi amiga Elisa,[5] que idealizar las relaciones les/bis solo nos puede llevar a más riesgos. El no saber identificar la violencia cuando viene de nuestra novia, o de nuestra ex, o que no nos crean, o que lo relativicen cuando lo contamos porque nuestros espacios «son *seguros*» por definición... Además, ante un conflicto pocas veces nos asumimos como la persona que ha tenido una actitud de mierda o directamente violenta y, por otro lado, tenemos muy pocas herramientas y espacios para abordar todo esto colectivamente sin crucificar a nadie.

–ChicAs, os traigo las salsas –interrumpe otra camarera, que no entiende qué es lo que nos ha hecho gracia de su frase–. ¡Ay! Eres Brigitte, ¿verdad? Soy amiga de... Bueno, digamos que me hablaron de ti.

---

5 Coll, Elisa. «Hablemos de violencia en relaciones sáficas». *Pikara Magazine*, 12 de junio de 2024. Disponible en: https://www.pikaramagazine.com/2024/04/hablemos-de-violencia-en-relaciones-saficas/

–Dime que eres amiga de su ex –imploro a la camarera, que está a punto de validar mi argumento de la endogamia les/bi/ana ante la atónita mirada de Brigitte.

Ambas ríen mirándose, cada cual más incómoda, y se despide con un gesto simpático como si a ella no le quedaran todavía tres horas más de curro en el restaurante.

–Pues no sé a qué ex se referirá –rumia Brigitte.

–¡Tal vez a una futura ex!

–¡Jack! –respondo con la boca llena–. ¡Me encanta! Futura ex. Te lo robo, me has dado una idea buenísima para una cosa.

Utopía y barro

En 2025 empecé a impartir un taller que atiné a titular «¿Quieres ser mi futura ex? Una reconstrucción les/bi/ana de los imaginarios sobre la figura de la exnovia». Motivada por mi obsesión por la infrarrepresentación de nuestros imaginarios en la cultura audiovisual y literaria, decidí ofrecer la posibilidad de un espacio en el que conversar sobre cómo (no) estamos dibujadas en aquello que consumimos y hasta qué punto vemos nuestras historias reflejadas en ello. Porque, aunque nos basta una minitrama les/bi/ana en cualquier libro, peli, serie o canción para tenernos entregadas, muchas veces esas tramas les/bi son muy sutiles, con un guion horroroso, todo acaba fatal...

Tras haberlo podido impartir hasta en cuatro ocasiones en los primeros meses del año, quiero hacer extensivas algunas de las reflexiones que he extraído de las sesiones.

Lo primero que detecté, ya al confeccionar el archivo, es que hay poca exnovia en los contenidos les/bi/anos, aunque más de las que pensaba. Digo que hay poca en comparación con la enorme y desproporcionada presencia que tiene la figura de la exnovia en nuestras vidas y conversaciones. En relación a esto también corroboré, gracias a la opinión de mis alumnas, que tenemos hambre de un archivo que recopile contenidos les/bi/anos en los que la representación de la exnovia figure de algún modo.

En absolutamente todos los talleres hay un elemento que se ha repetido: se han apuntado exnovias juntas. Exnovias que llevan tiempo siéndolo, exnovias que están atravesando una ruptura… Algunas vienen ávidas de descubrir formas alternativas de transformar su vínculo actual, otras vienen hartas de sentirse incomprendidas en sus círculos porque su relación es tildada de «rara». Y todas comparten el mismo denominador común: no solo se piensan en pasado, también en presente y sobre todo en futuro. Esa proyección tierna de un *mañana* juntas como exnovias me parece de especial relevancia, y profundamente les/bi/ana, porque desde la óptica heterosexual casi nunca se nos ha alentado a pensar a una expareja en términos de futuro, excepto en casos en que haya motivo justificado (una criatura en común, unas circunstancias económicas complicadas, el tabú social de la separación…). Las les/bi/anas hemos venido a poner el deseo en el centro de la decisión. Un deseo que no tiene por qué estar vinculado a lo sexual (o sí). Es un deseo de enraizar. De no renunciar al lenguaje común y único que se construyó. Deseo de cuidar lo existente, lo deforme.

Esto último, que también es muy habitual en mis grupos de amistades les/bi/anas, contrasta mucho con la representación de la ex les/bi/ana en los contenidos culturales que analizamos en el taller, que apenas desafían las leyes del sistema monógamo que nos explica Brigitte Vasallo en *Pensamiento monógamo, terror poliamoroso*. Vasallo nos advierte de que dentro del sistema monógamo se asume la exclusividad, sí, pero hace hincapié en cómo se premia el vínculo romántico-sexual dentro de una jerarquía de vínculos que coloca la pareja en la cúspide, relegando el resto de vinculaciones (familia legal, amistades, vínculos indefinidos…) a lazos secundarios o a meros apéndices relacionales.

Y eso se ve claramente en la aplastante mayoría de contenidos que analizamos en el taller: el éxito o fracaso de las tramas con las exnovias está muy vinculado a si terminan o no terminan juntas como pareja. No hay más opciones *sexis*.

Hay algunas preciosas y curiosas excepciones, como podría ser el papel de Abby en *Carol*,[6] cuyo rol como exnovia de la protagonista es fundamental para ayudar a ella y a su nueva amante a salvarse de las garras del exmarido maltratador. También, si lo aterrizamos a una representación cultural que me queda más cerquita territorialmente, tenemos el capítulo de

---

6 Aunque el libro es conocido como *Carol*, de Patricia Highsmith (en español, publicado por Anagrama en 1991), la obra original fue publicada por Coward-McCann en 1952 en Estados Unidos bajo el pseudónimo Claire Morgan y el título *The Price of Salt*. El contexto histórico y social de la época es relevante en este caso.

Cites Barcelona[7] en el que Paula y Vico (exno-vias) están en el Candy Darling Bar teniendo una conversación en la que una aconseja a la otra sobre cómo actuar ante el inminente reen-cuentro que se producirá entre la misma Paula y Sofía, la chica de la que ahora (y desde hace años) está profundamente enamorada. Antes de irse a su cita, Paula abraza a Vico y le dice: «Eres la mejor ex del mundo♣. Vico le respon-de: «Y tú la peor novia». Y yo estoy llorando mientras escribo recordando la escena. Qué importante es esta representación a la hora de expandir nuestra capacidad de tejer futuros de-seables más allá del «supera a tu ex, tía». Lo cual me lleva a la siguiente cuestión: si estos escenarios nos resultan tan apetecibles como utópicos a tantas, ¿cómo lo hacemos para lle-gar hasta ahí? ¿Cuáles son los caminos?

He aquí una de las mayores grietas en la repre-sentación de la exnovia les/bi/ana en la cultura:

---

7 *Cites Barcelona* - T1xC4 - *Paula-Sofía / Matilda-Samuel.* 3Cat, 19 de junio de 2023.

el misterioso tránsito entre novia y exnovia.
Recuerdo que hace unos meses, en una cena
con amigas, coincidí con Marina Beloki, una
de las editoras de la maravillosa editorial Continta Me Tienes (no porque sea la editorial de
este libro; es que de verdad es de mis favoritas).
Entre vinitos, ella me preguntó: «¿Dos novias
pueden pasar a ser amigas al dejar de ser novias?». Directa al grano, sin contemplaciones.
A lo que yo le respondí: «Si durante la relación
de novias también eran amigas y lo que no funcionó fue el noviazgo, ¿por qué iba a tener que
romperse esa amistad?».

Y aunque estoy orgullosa de mi respuesta, en el
fondo es un poco tramposa, porque simplifica
una realidad mucho más compleja. Cuando un
vínculo romántico se rompe, los daños colate-
rales pueden ser demoledores y de un alcance
brutal. Hay todo un libro entero[8] dedicado a
esto, publicado por la (maravillosa, insisto)

---

8 AA. VV. *(h)amor⁷roto*. Madrid: Continta Me Tienes;
2022.

editorial Continta Me Tienes. Laura Casielles, una de las autoras de ese libro y una tía chulísima, dicho sea de paso, dice en su texto «Pedacitos (Una fenomenología)» que «una ruptura no es un punto en el tiempo, es un camino». Un camino embarrado y tan complejo que apenas nadie se ha aventurado a escribirlo, a pensarlo en común, fuera de los moldes prescritos de las rupturas convencionales que tantas veces no nos representan. Por lo que animo a todas las les/bi/anas con vocación artística y de pensamiento crítico a que cuenten estas historias, con sus luces y sus sombras, con su utopía y su barro; que nos expliquen de qué múltiples y creativas formas pasamos del amor de novias al (h)amor de ex. Lo pido desde el interés genuino y antropológico les/bi/ano, sí. Pero, sobre todo, lo pido desde la profunda frustración personal de no haber podido reconstruir un vínculo romántico precioso que, mientras escribo estas líneas, ha llegado a su fin, dejándonos rotas a ambas. No hemos encontrado ni las herramientas ni la inspiración para cuidarnos desde la amistad que nos sigue conectando desde el primer día, y esa es la verdadera ruptura para mí. El duelo de dejar de ser novias es un proceso que rara vez se me atraviesa: el que no puedo soportar es el de una ruptura total de dos amigas-amantes cuyos cuerpos ceden a la complejidad de sostener un vínculo mutante.

Por eso pido que se escriban nuestras historias. No necesito respuestas de *coaching* sobre si debemos o no recurrir al contacto cero, si es necesario o no desenamorarse para mantener el vínculo, si es conveniente o no que sigamos follando, si es buena idea o no que sigamos teniendo detalles románticos con la otra, si viajar juntas o no... Esas respuestas las encontraremos nosotras. Lo que necesito son imágenes eufóricas y tiernas que me ayuden a imaginarnos de otras formas. Vivir rupturas no normativas bellas en libros, pelis, teatro, que alumbren senderos llenos de posibilidad. Transformemos el desamor en exploración colectiva. Ensayo, error y ternura.

La última reflexión que quiero compartir sobre los talleres es la pregunta con la que iniciamos siempre la primera sesión. Como tantas otras grandes preguntas que nos hacemos sobre la vida, parece fácil de responder... hasta que lo intentamos.

¿Qué es una *exnovia*?

Todo concepto que viene precedido de «ex» está pensado para ser explicado hacia atrás. Según la RAE, el prefijo «ex», procedente del latín, puede indicar «fuera», «más allá» o «privación», así como una cualidad que una persona ha dejado de tener.

Entonces, ¿es un error definir como «exnovias» a las personas cuyos vínculos les/bi/anos se han reciclado tras un noviazgo fallido y se proyectan hacia delante? ¿O reside en la cultura les/bi/ana, en cambio, la capacidad de resignificar la palabra «exnovia» y convertirla en un concepto rebosante de potencia, deseo y proyección?

Y en ambos casos, ¿quién legitima a quién a la hora de nombrar a una otra como exnovia? Si definirnos como novias es un ejercicio que requiere acuerdos y entendimiento mutuo, ¿a quién corresponde ese ejercicio de definición de lo que ya no somos? En los tiempos en los que ya hemos superado aquello de «pedir pa' salir», quizá para ti lo nuestro fue un rollo, pero para mí fue algo más edificado: ¿hago mal en nombrarte *exnovia*? ¿Soy ingenua dándole tanta importancia a una relación que para ti fue casual, aunque estuviéramos años juntas? ¿Y si mi forma de entender los vínculos es incompatible con la palabra *novia*[9] pero, en la práctica, ejercimos como tal?

Algunas de estas preguntas me parecen más trascendentes que otras, y quizá no hay una sola respuesta a ellas. Pero todavía no hemos dado con el verdadero propósito de este último apartado de mi texto: definir qué es una exnovia

---

9 Por ejemplo, en casos en los que una de las dos entiende sus vínculos desde la anarquía relacional.

desde una mirada les/bi/ana, una mirada les/bi/ana de la que el mundo pueda aprender algo valioso. Como dijo Nerea Pérez de las Heras a David Velduque en *Sabor a queer*[10]:

> La gente heterosexual está utilizando lo queer, lo marica sobre todo, como mina. Estamos siendo objeto de un extractivismo salvaje: nuestro lenguaje, slay, mother... *tantas cosas que se dicen de «la jerga de la generación Z», que es la jerga de las maricas y de las mujeres trans. Nos extraen todo el rato, pero extraen de unos lugares muy determinados de nuestro colectivo. A las lesbianas no nos hacen ni puñetero caso, no extraen de las lesbianas. Y en las lesbianas de verdad que hay (ahora hay alguien que está diciendo en su casa «¡nooo, que yo tuve una exnovia que está chalada...!»; que sí, que estoy hablando*

---

10 Velduque, David [@David.Velduque] (s/f). *Ética lesbiana* 👭 *las amigas, con Nerea Pérez De Las Heras | Sabor a queer* 2x16. Recuperado el 1 de agosto de 2025. Disponible en: https://www.youtube.com/watch?v=z-CoFojwKmU&t=688s

estructuralmente), dentro de lo lesbiana hay una ética en la que no se está fijando nadie [...]. Que lo que se llama «el bollodrama» es una interacción compleja entre dos personas que quieren entenderse y, claro, eso está lleno de trabas y de conflictos y una dialéctica de la que muchas veces debería aprender todo el mundo: las relaciones con tus exes. Joder, qué bien, ¿no?, esa ecología emocional de la que puedas reciclar un montón de intimidad, de afecto, de vida, y convertir a esa pareja que ha sido en tu amiga. Eso es una cosa que solemos hacer las lesbianas.

Mi insistencia en citar a Brigitte Vasallo durante todo el texto no es un capricho, sino que responde al hecho de que, en este vértice fortuito y mágico en el que se cruzan lo les/bi/ano y las no monogamias, encuentro una potencia descomunal en la idea de *fracaso*. Me pasa igual en relación al género como persona que habita lo trans y que se entiende a sí misma más allá de lo binario. Lo fracasado, lo fracasante, me parece altamente *sexy*. Me parece atractivo hasta el punto de convertir mi fracaso de género en mi proyecto personal y político. Mi fracaso respecto a la obligatoriedad de tener que (querer) encajar en el binarismo de género. Ya rechacé rotundamente el destino que se me impuso como hombre, pero me niego también a que la única alternativa deseable sea aspirar a ser mujer, con todo lo que implica para cualquiera que intenta serlo (sea desde lo cis o desde lo trans). Me niego a pensar que ser una mujer es lo único que me puede salvar de la miseria identitaria, y asumo todas las contradicciones y violencias que esta deriva implica. Como dijo la Wittig, «las les/bi/anas no somos mujeres».

Y lo mismo pienso en relación al (des)amor. Esto que hacemos las les/bis de otorgarle tanto peso a la figura de la exnovia no es otra cosa que decirle al sistema que, de forma más consciente o inconsciente, le hemos visto las orejas al lobo. Que lo hemos *pillao* con el carrito del *helao*. Que en este sistema capitalista feroz se nos intenta vender por activa y por pasiva que la pareja es el fin último del ser humano en relación al amor, que esa necesidad de pareja es nuestra, camuflándonos el hecho de que, en realidad, la necesidad de que sigamos vinculándonos así es del propio sistema, que requiere que sigamos siendo pequeñas unidades familiares productivas y consumidoras. Que las comunidades que hacen cosas distintas son gente inferior, subdesarrollada, incivilizada, que ya lo entenderán cuando puedan. Los mecanismos del capitalismo y del colonialismo han logrado que en el imaginario colectivo la pareja sea el único camino hacia el éxito. Que si no conseguimos emparejarnos seremos unas fracasadas. Y nos ofrece la solución: consume, (re)produce, consume, (re)produce.

Pero, amigas… El éxito ya fue. Por eso, si me pregunto qué es una exnovia, situada desde mi lugar concreto de enunciación, que es profundamente les/bi/ano, no binario, anticolonial, no monógamo, transfeminista y marxista queer, mi propuesta de definición es la siguiente:

> *Una exnovia es el espacio afectivo en el que confluyen todas las posibilidades de fracaso, en el mejor de los sentidos, en relación a las normatividades que impone el sistema monógamo racisheterosexual a la categoría dominante de los vínculos interpersonales: la pareja.*

Amar suele ser fracasar, queridas. Pero fracasar, ay… fracasar ha de ser amar.

Pero, entonces, ¿quieres ser mi futura ex?

Sí, ya, se supone que íbamos a cerrar con la definición. Pero esta es justo la idea aquí, ¿no? Pensar sobre lo que hay después del final. Eso, y que terminar con la solemnidad de una definición teórica me parecía como despedirnos con dos besos tras pasar toda la noche frotándonos la una con la otra. Así que, después de tremenda chapa sobre las ex, voy a terminar (ahora sí) este texto proponiendo convertirlo en un diálogo entre tú y yo. «¿Cómo?», te preguntarás. Pues invitándote a que hagas el último ejercicio que mis alumnas llevan a cabo en mi taller de las ex. Sí, te quiero leer. Así que, toma nota:

La mayoría de nosotras tenemos más o menos claras las expectativas que tenemos respecto a cómo queremos que sea una relación de pareja: cerrada (o abierta), que nos lo contemos todo (o que haya secretos), que vivamos juntas (o no), maternar juntas (o no), que haya sexo (o no)... A veces estas expectativas se cumplen, a veces no, a veces incluso nos sorprende positivamente cuando no se cumplen. Pero hay un camino sobre el que proyectamos nuestros futuros deseables. Por eso, como ejercicio final te propongo escribir, en un máximo de un folio, una carta para tu futura ex. Describe cómo te gustaría que fuera una hipotética relación de exnovias. ¿Qué formas de vincularos imaginas que puedan resultarte deseables durante y después de la ruptura? ¿Deseas un vínculo consistente? ¿Esporádico? ¿Con espacio para el deseo? ¿Cómo te gustaría llamar a lo vuestro? ¿Resignificarías la palabra exnovia?

¿Preferirías llamaros amigas, o hay alguna otra palabra, real o inventada, que sientas que os definiría mejor?

Si te apetece convertir este capítulo en una conversación, hazme llegar la carta en texto (o audio) a valentinaberr93@gmail.com, por redes, o en papel en alguna de las presentaciones en las que esté yo. Da igual cómo escribas: me encantará leerte.

Ahora sí, supongo que toca despedirnos. Te propongo un abrazo de ex, que termine con nuestras caras muy cerca, y los últimos versos de *Sex (With My Ex)*, de la Fletcher:

> *So we kiss goodnight, and I catch that flight.*
> *Say goodbye forever, until next time.*

TESTIMONIOS DE AMOR

Lucía G. Romero

LucÍA G. Romero *es directora y guionista. Ha escrito y dirigido dos cortometrajes que han tenido un destacado recorrido internacional. Su debut,* Cura sana *(2024), cosechó más de 100 selecciones en festivales y una veintena de premios, entre ellos, el Oso de Cristal en la 74.ª edición de la Berlinale y una nominación a los Premios Gaudí. Su segundo cortometraje,* Casi septiembre *(2025), marcó su regreso a la Berlinale, esta vez en la sección Berlinale Shorts. Actualmente, desarrolla su primera película. El trauma, el amor y la familia son algunos de los temas que orbitan su cine, marcado por una mirada política y su experiencia como mujer afrocatalana, queer y de clase obrera.*

Testimonios de amor

LUCÍA G. ROMERO

Sabía que volver a casa iba a ser un golpe de realidad, pero no me imaginaba cuánto. Todo el mundo me dice lo «delgada» que he vuelto de Madrid y lo contenta que se me ve por redes sociales. Todo el día arriba y abajo, siendo feliz y miserable a partes iguales. La capital me ha dejado agotada, pero de vuelta a mi cuarto de adolescente en casa de mi madre solo puedo romantizar estos nueve meses lejos de Barcelona, la ciudad que me ha visto crecer. Al poco de mi vuelta, mi gata dejó de comer. La adoptamos cuando cumplí diez años. Al ser hija única pasaba mucho tiempo sola y entre llantos le suplicaba a mi madre que me diera un hermano. Ella, soltera y sin blanca, adoptó al animal de compañía para tenerme contenta. La llamé Darla, como la niña mala de *Buscando a Nemo*.

Sarcoma en el útero, metástasis en el estómago. «Está vieja ya y no tiene sentido operarla». Se me encoge el estómago al recibir la llamada. Mi amiga más longeva, el único animal con quien he llorado siempre a cara descubierta. Hora de despedirnos. Mamá está todo el mes fuera de España y mi abuela carece de agilidad para ayudarme con la gestión. No tengo más familia. Llamo a mis amigas, ninguna parece lo suficientemente disponible para venir a darme la mano mientras me despido de mi compañera y la acompaño en su tránsito hacia la muerte.

Tendré que hacerlo yo sola. Estoy acostumbrada, pero aun así tengo miedo. Inevitablemente, pienso en llamarla a ella. No puedo hacerle eso. Sería egoísta, ¿no? No llamas a tu exnovia después de un año de dejarla y mudarte de ciudad para que te ayude a eutanasiar a tu gata. Aunque ella conoce a Darla y sabe cómo consolarme mejor que nadie… o eso creo. No hace tanto que me sujetaba el pelo mientras vomitaba o que yo le sacaba los puntos negros de la espalda. En fin, prefiero no molestar. Me dirijo a la veterinaria como una campeona, sola, sola, sola. Me despido de Darla mientras mi madre, por videollamada, se compadece de ambas desde la otra punta del mundo.

Vuelvo a casa sin lágrimas que derramar. Dejo de pensar en mi gata para compadecerme de mí. Me pregunto si Alba hubiera venido de habérselo pedido. El día que lo dejamos dijimos que queríamos ser amigas en un futuro, pero no sé por qué lo veo complicado. Yo no soy amiga de mis exes. No se me da bien esto de las transiciones. O todo o nada, como diría mi psicóloga.

De pequeña, pasar el finde en casa de mi padre significaba estar todo el día enfrente de un televisor. Me sentaba en la cama plegable que tenía en su estudio y veía una tras otra las películas que pirateaba para mí mientras él jugaba a videojuegos. Su director de cine favorito era Tim Burton; sus ganas de pasar tiempo conmigo, cuestionables. Mi favorita era *El gran pez*, esa mirada de Edward y Sandra cuando se ven por primera vez en el circo. Edward dice:

«*Dicen que cuando conoces al amor de
tu vida el tiempo se detiene, y es verdad.
Lo que no te dicen es que, cuando
se pone en marcha, lo hace aún más
rápidamente para recuperar lo perdido*».

Las películas fueron la parte más estable de mi crecimiento y me enseñaron todo lo que sé sobre el amor. De ellas aprendí que todo el mundo sufre, que hay que luchar por lo que quieres y que, entonces, aparecerá un chico que te pedirá matrimonio y te volverá inmune al dolor.

En el colegio éramos Rebeca, Samara y yo. Las más malas de clase. Siempre en el mismo rincón del patio, riendo histéricamente por las mismas bromas y jugando a los mismos juegos. El favorito era hablar de chicos mientras los mirábamos correr detrás del balón. Ellos ni nos miraban. Cuando el sol calentaba el asfalto de la pista, nos estirábamos en medio y mirábamos las nubes. El gesto de rebeldía terminaba con un pelotazo propinado por alguno de ellos.

Aprovechábamos el accidente para meterlos en problemas con las monitoras. Sigo pensando que los que se pelean se desean. Tuve mi primer novio a los 10 años. Se llamaba Javi y ni siquiera estaba en mi «Top 3 de chicos más guapos de la clase». Solo acepté porque quería ser novia de alguien. A veces me decía cosas bonitas; otras, me pegaba. Yo le devolvía con el doble de fuerza y alguna vez le hice llorar. No recuerdo cómo lo dejamos ni el porqué. Ni siquiera sé si alguna vez lo hicimos.

Me salieron las tetas el verano antes de empezar el instituto. También pegué el estirón y me quedé mucho más delgada, un requisito que me habían hecho creer que era indispensable si quería que algún chico me deseara. Justo a tiempo para poder cumplir mi objetivo: darme mi primer beso con lengua. La entrada a la Secundaria fue salvaje y frenética: por primera vez era guapa, pero la transformación no había sido como la del patito feo, lo mío fue a base de esfuerzo y horas de dedicación. *Gloss*, rímel, *eyeliner*, esmalte de uñas, pendientes, *push up*, *shorts* minúsculos, pelo planchado y piernas rasuradas. Con 12 años me di mi primer morreo con Elvis, un chico ecuatoriano de otro instituto al que conocí por Messenger y que me pidió salir a los tres días de empezar a chatear. El beso fue en el portal de mi casa. Fue asqueroso. Elvis me chupó hasta la barbilla y a mí me dieron ganas de vomitar. Nunca quise volver a saber nada más de él, pero eso me convirtió en una persona «más guay». Seguí en mi búsqueda del príncipe azul, una buena misión para distraerme de mi caos familiar.

En segundo de la ESO conocí a Omar. Para aquel entonces ya apenas estudiaba, ni atendía en clase, ni hacía la tarea, ni nada que no me apeteciera hacer. Pasaba mucho tiempo castigada en el pasillo por hablar en el aula. ¿Por qué el temario de Historia tenía más importancia que comentar lo sucedido en el patio el día anterior? No entiendo el orden de prioridades de la mayoría de los adultos, eso no ha cambiado. Uno de los días en los que la bruja de Matemáticas me echó del aula, coincidí en el pasillo con Omar, también castigado. Él había repetido curso dos veces e iba a la clase de al lado. Medía casi metro noventa y siempre estaba haciendo trastadas con sus amigos. Al verle ahí fuera, castigado como yo, bateé mis pestañas con rímel marca Mercadona arriba y abajo, sin atreverme a decirle nada. Soy muy tímida cuando alguien me gusta de verdad.

Al día siguiente, una solicitud de Facebook, un mensaje. Gritos de emoción, un nudo en el estómago. Me decía lo bien que me quedaban los *leggings* y me preguntaba si tenía novio. Por fin le gusto a alguien que me gusta. Empezamos a mensajearnos a diario. Me escondía de los gritos de mi madre para escribirle por las noches y era incapaz de concentrarme en nada que no fuese él, él, Él y sus monosílabos, sus miradas de reojo en el patio y sus emojis de corazones. Me dijo de quedar un miércoles después de clase. Perdí el apetito y mi madre me preguntó si tenía problemas con mi cuerpo. La realidad es que yo tenía millones de complejos, pero ninguno lo suficientemente invasivo como para restringirme la comida. Esto no era un trastorno alimenticio, era lo que luego he denominado *ayuno por enamoramiento*.

Quedamos en un banco entre su casa y la mía. Nos sentamos y todas las palabras que habíamos escrito tras una pantalla se materializaron en una impostada cercanía entre ambos. Él me hablaba del básquet y yo hacía ver que me interesaba. No me preguntó nada sobre mí en dos horas y estaba empezando a pensar que igual no era tan buen partido como parecía, pero entonces me besó y puse la mente en blanco. Lo hizo con fuerza y ansiedad; yo solo podía responder, seguirle el ritmo. Era algo torpe, pero me gustaba. Sus labios sabían bien y yo sentía calor en la entrepierna. Me sentó encima de él y deslizó sus dedos rechonchos por debajo de mis bragas. Yo no entendía qué hacía, eran las cinco de la tarde y la gente pasaba a nuestro alrededor paseando a su perro o yendo a hacer la compra. Tardé más de lo que me hubiese gustado en ponerle freno. Omar, fastidiado, me pidió que me fuese con él a casa. Yo me negué. Se puso de morros y se despidió con un beso. Al día siguiente no me escribió, tampoco me saludó en el pasillo. No volvimos a hablar y yo volví a comer con normalidad.

Justo después estalló la pubertad y una serie de catastróficas desdichas familiares me obligaron a construir un muro que protegiera mi sensibilidad. Me prometí no volver a sufrir por amor. Lo que vino en los siguientes cuatro años fue una búsqueda autolesiva de emociones fuertes y relaciones de dudoso consentimiento en las que acepté que nunca iba a confiar en nadie más que en mí misma. Escapé cada vez que pude y rechacé cada oportunidad de profundidad.

Habla tío va seamos adultos por una vez va lucia

ajajjajajajaj vale
pues que ami lo kemeda miedo eske
tdo salga mal sabes yase ke te kedas como
lucia eres gilipollas
pero eske
aveces bueno no
aveces, siempre
decido no arriesgarme porke en estos temas soi una
ptacagada d mierda
nunca me lo han exo pasar mal ni nada
sabes? pero yo si ke e echo daño a
personas que lo eran todo para mi y
tengo miedo de cagarla
siempre ahora teabras kedado i
ami ke me cuentas jaja

Tranquila que a mi no me harás daño jajaja

Conversación de Facebook,
16 de octubre de 2014

134

Esa fijación con fingir que nada me atravesaba me hacía pasarme el día mintiendo. En aquel entonces jamás lo hubiese reconocido, pero detrás de la actitud de apisonadora, deseaba que alguien me descubriera. Fantaseaba mirando vídeos de parejas en YouTube. Un día me encontré con una pareja americana de chicas que hacían «el *tag* de la novia». Asomaron a la superficie de mi subconsciente todas esas veces en las que había pensado que quizá me gustaban las mujeres y decidí seguir a la única lesbiana de mi instituto por Instagram, Ximena.

Ximena tenía un año más que yo, jugaba al fútbol y era pelirroja. Era muy responsable, estudiaba y su mayor sueño era comprarse un coche a los 18. Quedamos para ir al gimnasio de mi barrio y nos besamos en los cambiadores alrededor de señoras desnudas sacándose la ropa de deporte sudada. Era un alivio sentir que no tenía que meter la barriga, ni maquillarme como una puerta, ni sonreír cuando no me apetecía para parecerle suficientemente chica. No sé muy bien cómo lo hizo, pero fue la primera en conseguir que permaneciera en un sitio, aunque doliese. Sufrí mucho sus celos y su convicción de que yo no estaba hecha para ser la novia de nadie. Según ella, me vestía excesivamente provocativa y me había liado con demasiadas personas. La guarra del instituto nunca iba a ser elegida por una chica buena. Pero la quería, cada día más, y cuanto más la quería más ganas tenía de irme volando a otro lugar donde poder sentir todo menos y preservar la poca autoestima que me quedaba.

La dejé después de seis meses de estar enrollándonos a escondidas de nuestros amigos. Ximena se arrepintió de haberme hecho sentir como una amante clandestina y a la semana de dejarla me pidió que fuese a su casa. Me dijo que se había dado cuenta de que me amaba y que estaba preparada para ser mi novia, pero que me tenía que confesar algo. Otro nudo en el estómago. «Me he liado con mi ex». Au. Las dos jugaban al fútbol juntas cada semana y compartían un mundo entre ambas que solamente puede ser ignorado, pero no destruido. No pude evitar pensar que yo solo estuve ahí para rellenar un vacío. A raíz de esa traición, empecé a ver las relaciones pasadas de mis potenciales parejas románticas como una amenaza, un rastro de lo que quedó que manchaba lo que nosotras construíamos, una llama que nunca se podría apagar y que tenía que vigilar para que no me acabara quemando.

No ayudó que mi siguiente relación fuese con Carla, una chica que tenía novia. Era bajita, con unos ojos enormes y una sonrisa desordenada que me volvía loca. La conocía del barrio y habíamos ido a tomar algo un par de veces. Yo sabía que estaba mal con su pareja de aquel momento; también sabía que yo le atraía. Me besó en las fiestas del Orgullo, pocos días después de cumplir la mayoría de edad. Fuimos a su casa a follar y reímos hasta que salió el sol. Estaba tan feliz que casi olvidé que tenía pareja. Las siguientes semanas aguanté la respiración y perdí el apetito como de costumbre.

Nos veíamos a menudo y yo sufría en silencio. No sabía si nos estábamos conociendo en serio o si era un desahogo de su tormentosa relación mientras yo me enamoraba por primera vez en mi vida.

Carla decidió dejar a Raquel, su ex, después de un mes de escondernos, pero su relación no acabó ahí. Llamadas, mensajes. Ella me explicaba que lo hacía por ella, que estaba muy mal y se sentía culpable. Su fondo de pantalla seguía siendo una foto de ellas dos y cuando follábamos Raquel me miraba desde un cuadro que había encima del escritorio de su habitación. Yo sabía que era egoísta desear que dejaran de hablar, no estaba en posición de hacer ese tipo de exigencias, pero no podía evitar resentir del hecho de que Carla tuviese un pasado antes de mí, que yo no fuese la única. Como si entrara al cine con la película medio empezada y no pudiese disfrutarla como los demás, que tienen la versión completa y lo entienden todo mejor que yo. Después de tres meses de tragar saliva, perdieron el contacto.

Carla fue la primera persona que me hizo llorar de felicidad, a quien le admití que echaba de menos a mi padre y que supo hacerme llegar al orgasmo. Con ella volví a ser una niña después de muchos años reprimiendo con vergüenza esa parte de mí. Fueron dos años de mucha ansiedad, empezar la universidad, perder amigas y primeras citas con mi psiquiatra, aunque con ella a mi lado sentía que tenía un lugar donde deshacerme. Sin embargo, una vez el hechizo químico del enamoramiento perdió su efecto, quedó poco más que comodidad y una bonita amistad. Los últimos meses juntas fueron debates sobre la monogamia, deslealtad e intermitencia, donde yo le hice más daño a ella que ella a mí. Cuando por fin decidimos bloquearnos en WhatsApp y dejar de intentarlo, ya no quería saber nada más de ella. El final fue una película de terror, perdí cinco kilos y retomé la medicación.

Poco después conocí a quien pensaba que sería la mujer de mi vida. Con Alba el amor empezó siendo exactamente como lo había imaginado y visto en las películas. Hicimos *match* por Tinder y, aunque esto no fuese el inicio romántico que siempre me había esperado, cuando quedamos por primera vez en un bar de Sagrera, supe que iba a ser mi novia. Me preguntaba si era demasiado pronto; hacía menos de dos meses me retorcía de dolor en el suelo de la cocina por otra chica. Ella también había dejado una relación hacía poco y ambas fingimos demencia. Ese verano de 2020, cuando una pandemia global había coartado prácticamente todas nuestras libertades, Alba y yo nos conocimos en profundidad mientras buscábamos planes innovadores que hacer en una ciudad que aún parecía fantasma.

Todo fluyó rápido y fue fácil, quizá demasiado. Yo me enamoré mucho, quería estar con ella para siempre, hacerle unos nenes y vivir en una casa con jardín a las afueras de Barcelona. Alba se integró en todas las partes de mi vida como si siempre hubiese formado parte de ella; mi madre la adoraba, mis amigas siempre querían que la invitara a nuestros planes y mi gata dormía más con ella que conmigo. Alba era dulce, entusiasta y con un carisma innegable. A ella le era muy fácil ser honesta con sus sentimientos, lloraba siempre que lo sentía y me decía a menudo lo mucho que le gustaba. Admiraba eso de ella, esa valentía. En ese punto yo ya sabía que esa pose de seguridad y control que la gente tanto admiraba de mí no era yo, pero tuvo que llegar Alba a mi vida con esa actitud de aceptación incondicional para dejar de fingir, aunque fuese solo con ella y las luces del cuarto apagadas. Recuerdo llorar pensando en que lo nuestro se acabaría algún día, pero no porque lo dejáramos, sino porque alguna de las dos se moriría antes que la otra. Si después de la muerte existía otra vida, yo quería recordarlo todo para poder encontrarla, aunque me reencarnara en un perro o en una lombriz. Es apabullante pensar que puedes sentir eso por alguien y tan solo cuatro años más tarde decidir que ya no quieres formar parte de su vida.

Fueron tiempos de amor, refugio y comprensión, pero también de mucha dependencia. Alba tampoco era perfecta, ambas teníamos nuestros demonios y habíamos encontrado en la otra una confidente para sacarlos a pasear. Ella no sabía ser sincera ni admitir que no siempre era una niña buena. Yo era testaruda y siempre quería hacer las cosas a mi manera. Ambas con familias más bien desestructuradas y pegadas de la cadera todo el día como si fuésemos siamesas; fuimos amigas, hermanas, madres e hijas la una de la otra. Ella tenía a alguien a quien complacer; yo, alguien a quien salvar. Las dos encontramos la manera de huir de nosotras mismas a través de la otra.

Dejé a Alba el verano pasado, después de seis meses de rumiación y caos emocional. Es tan raro desenamorarte de alguien a quien aún quieres y tener que desenredar vuestras vidas la una de la otra, sin tener muy claro qué era de quién. Nunca he sufrido más que ese agosto; me tragué seis temporadas de un *reality show* y cuando me quise dar cuenta mi cuerpo llevaba semanas entumecido. Me sentía deficiente sin ella, como si hubiese perdido un órgano vital y mi cuerpo estuviera gastando energía extra para compensar la mutilación. En octubre me mudé a Madrid para escribir mi primera película y me propuse aprender a pasar tiempo conmigo misma, sin buscar ya el siguiente reemplazo que anestesiara el duelo.

Al frenar y renunciar al amor durante un tiempo, un insoportable sentimiento de pérdida me inundó por completo. No fue solo Alba, fueron todos y cada uno de los fantasmas que había dejado atrás, aparentemente con facilidad y sin remordimientos. Por primera vez desde que Javi me pidió salir en el patio del colegio, no había nadie que me distrajera de mí. Ningún parche de dopamina que aliviara mis penas. Solo dolor. Lo empecé a sentir, todo el rato y en todas partes. Me sentía desdichada, pequeña y mala, muy mala; había pasado los últimos años de mi vida siendo un dementor de almas, como el de *Harry Potter*. Absorbiendo el amor de los demás, consumiéndolo como si fuese droga para frenar mi hemorragia interna a través de cada mirada, cada caricia y cada beso. Y luego *chao*,

chao, pescao. Y me voy de la ciudad, y si te he visto no me acuerdo, y ahora no puedo hablar, lo siento, estoy ocupada…

Los exes para mí no eran más que un recordatorio de mi fracaso. Da igual si era yo quien había tomado la decisión. Yo crecí con la certeza y muchísima evidencia de que las relaciones terminan, siempre. Sin embargo, una parte de mí, esa niña que miraba películas de amor, deseaba encontrar una persona que la quisiera hasta que se le arrugaran las manos. Si desde pequeña sientes que eres prescindible y fácil de abandonar, creces con la sensación de que hay algo inherentemente malo en ti. Como si estuvieses maldita. Y cada ruptura, cada rechazo, cada silencio… es una confirmación afilada de que nadie se va a quedar. Si te quedas quieta, el miedo te desangra, es más fácil mirar hacia adelante y encontrar a alguien con quien volver a proyectar esa ilusión de que las cosas pueden durar. Nunca he podido mantener a ninguno de mis exes en mi vida porque, en las trincheras del duelo, me aterrorizaba la idea de que su vida siguiese sin mí. No toleraba verlos de nuevo felices, fuese solos o con alguien más, no porque no deseara su felicidad, sino porque me hacía sentir invisible.

Odiaba sentir que perderme había sido anecdótico y que echarme de menos iba a ser una transición hasta que me olvidasen por completo.

Guardaba en secreto todas esas noches en las que me sentía sola y reproducía momentos con ellos en mi cabeza para consolarme. Querer a alguien que ya no estaba en mi vida me hacía sentir estúpida, tonta y débil. Como cuando esperaba que mi padre viniera a mis fiestas de cumpleaños de pequeña y no lo hacía o cuando esperaba durante horas al lado del fijo a que mi abuelo me llamase. Todo empieza y acaba ahí, ¿no? Lo que nos pasó cuando estábamos construyendo nuestra visión del mundo, cómo nos amaron cuando estábamos desarrollando nuestra identidad, cuántas veces nos hicieron reprimir nuestros sentimientos para que se pudrieran en nuestro interior...

Me he pasado media vida anticipando los golpes y las ausencias para que, al llegar a terapia, me dijesen que era precisamente eso lo que me obligaba a tomar ansiolíticos a diario. Los mecanismos que desarrollamos para sobrevivir en una tormenta se convierten en autosabotaje cuando las aguas ya se han calmado, y ahora, con 26 años, pienso en cuántas cosas haría distinto si hubiese sabido todo lo que sé ahora.

A veces he fantaseado con reunir a mis exes en un mismo lugar para reencontrarme con todas ellas a la vez. Como en la escena final de *El gran pez*, cuando Edward está en su lecho de muerte y su hijo Will, que lleva toda la película rechazando la naturaleza fantasiosa de su padre, le relata su propia muerte ficcionada. Una en la que, en vez de morirse en la camilla del hospital, está en un lago rodeado de toda la gente a la que una vez quiso, que han venido a despedirse de él y lo observan mientras su hijo lo mete en brazos en el mar para que se transforme en *El gran pez* que está destinado a ser.

Yo las imagino en una cala pequeña mientras abrasa el calor del verano. Ximena toma el sol en la arena de la playa, Carla toma fotos subida encima de las rocas y Alba está sentada en la orilla, mojándose los pies. Las miro y veo lo que fuimos juntas, ese mundo secreto que construí con cada una de ellas; besos, lágrimas, promesas. Viajes, discusiones, mimos antes de dormir. Aunque haya cosas que hemos olvidado, ese mundo sigue existiendo cuando nos miramos. Me siento privilegiada de haber sido testigo de un capítulo de su historia y que ellas compongan la mía.

Me acerco a Ximena y me tumbo con ella en la arena. Tiene el rostro lleno de esas pecas que me encantaba contar cuando estábamos juntas, pero en su piel veo el paso del tiempo. Nos abrazamos y yo regreso a mi adolescencia mientras sus brazos enormes me sostienen. Le doy las gracias y le confieso que fue la primera persona en hacerme sentir algo más que un cuerpo. Estoy orgullosa de verla feliz e independiente, como siempre había querido.

Me subo a las rocas con Carla, con el mismo vértigo que me generaba ella el verano que la conocí. Me mira con sus enormes ojos verdes. Le pido perdón, las dos sabemos por qué. Ella intenta no mirarme, tampoco le gusta que la vean vulnerable. Le digo que me alegro de que esté viajando tanto y ella me sonríe. Me bajo de las rocas de un salto y voy a por Alba. Me siento a su lado, con los pies al lado de los suyos mientras las olas del mar nos mojan los tobillos. Bajo la mirada y la agarro de la mano. Tiene los dedos destrozados de morderse las uñas. Siempre me ha sacado de quicio que se haga daño. Nos miramos con una mezcla de ternura e incomodidad. Me cortaría una pierna si eso garantizara que será siempre igual de feliz que el día que la conocí. Alba se levanta y me dedica una última mirada antes de despedirse de mí una vez más. Miro detrás de mí, en la playa solo estoy yo. Espero verlas pronto fuera de los confines de mi imaginación.

Me quedo un rato a observar el mar. El agua me moja los tobillos y apenas hay olas. Suspiro.

Una voz infantil a pocos metros de mí interrumpe el silencio. Pensaba que estaba sola. Levanto la vista y, a mi izquierda, encima de unas rocas altas me veo a mí, con unos 8 años. Lleva un bañador de Hannah Montana y dos moñitos en el pelo. Nos observamos con una mezcla entre emoción y miedo. Subo a por ella como puedo, con la torpeza que me caracteriza. Está al borde del acantilado, mirando hacia abajo. Me acerco y le doy la mano. No habrá más de dos metros entre nosotras y el agua. Hace un sol radiante y el calor nos abrasa. Desde ahí arriba podemos ver a los peces nadando y lapas de mar pegadas a las rocas, de esas que tanto nos gustaba agarrar cuando íbamos a la playa con mamá. La miro. Está ensimismada mirando los animales. «¿Nos tiramos?», le pregunto. Lucía me mira con esos ojos que emanan fragilidad. Me agacho para estar a su altura.

A veces vale la pena dar un salto al vacío, aunque no sepamos qué nos espera allí abajo. Yo te cojo.

Mi niña asiente. Da un paso hacia delante y se coloca al borde del precipicio, sin soltarme la mano. La sigo. Me mira y me sonríe. Le faltan dos dientes. Contamos juntas: «Tres... dos... uno... ya». Nos tiramos las dos desde las rocas, pero en el agua solo caigo yo.

Sumergida, abro los ojos y veo cómo los rayos del sol descienden por debajo del mar iluminando las rocas con destellos azules. Nado hacia la superficie junto a peces que me esquivan suavemente. Saco la cabeza del agua y respiro de nuevo. Dejo que mi cuerpo flote mientras cierro los ojos. Me invaden una calma profunda y la certeza de que todo va a estar bien. De lejos, casi como si fuese un susurro, escucho una voz que llama mi nombre. Sonrío.

La mayor certeza que tengo después de este viaje es que la única constante en la vida es el cambio. Saber que nada dura para siempre solía aterrorizarme, pero ahora no me parece tan mal. Es liberador saber que todo pasa y que podemos morir y volver a renacer todas las veces que queramos. Mis exes no son un fracaso, son un testimonio de que he amado y he sido amada. El dolor de las rupturas no ha sido un castigo sino el catalizador de preciosas metamorfosis. Algunas cosas, sin embargo, es probable que nunca cambien. Sigo perdiendo el apetito cuando me enamoro porque mi cuerpo aún se acuerda de cuando el amor era peligroso. Puede que yo ya no sea una niña, pero hay lesiones que aún molestan en los días de lluvia. A pesar de todo, me niego a privarme a mí misma de libertad y belleza. Me la merezco. El presente está lleno de oportunidades y el dolor es inevitable. Querer es un acto de fe.

¿QUEDAMOS PARA TOMAR UN CAFÉ?

Celia Hort

Celia Hort. *Lesbiana nacida en A Coruña y mudada a Madrid por amor (valga la redundancia). Desde hace varios años es creadora de contenido. Sus vídeos hablan de situaciones comunes en la comunidad sáfica, especialmente, de relaciones y rupturas. También habla de su experiencia como lesbiana* butch *y de lo que esto supone en la búsqueda de una identidad propia. Aunque en clave de humor, a menudo pone sobre la mesa debates aún necesarios en torno a la comunidad. Creyente acérrima de nunca volver con una ex.*

¿Quedamos para tomar un café?

CELIA HORT

Y dime si sientes lo mismo
y dime si estás conmigo, o contra mí,
porque la misma confusión la sientes tú, la siento yo.

Amaral

Estoy tan nerviosa que no sé ni por dónde empezar. Siento que voy a hacer el ridículo delante de ella. Pero queda una hora, todavía no debería pensar en ello. Para distraerme, voy al baño de la primera planta. Me gusta ir a ese porque sé que no me voy a encontrar a nadie. Aun así, en el ascensor me encuentro a Laura. Me comenta lo guapa que estoy. Le doy las gracias fingiendo sorpresa, pero ya lo sé, he calculado milimétricamente cada detalle de la ropa de hoy. Mantenemos una conversación que podría parecer banal sobre nuestros gatos, pero siento que cuando suena el pitido del ascensor estoy peor que antes. Me hubiera gustado decirle por qué mi gato se llama como se llama, pero eso implicaría tener que mencionar su nombre, y cada vez que lo escucho siento un puñetazo en la boca del estómago.

Para mí, tener exes es una continua gestión del duelo, el recuerdo viviente que tengo de él. Siento que nunca acaba del todo porque puede mutar en cualquier momento. Continuamente me hago creer que es una herida curada, que no pasa nada y que a pesar de todo siempre consigo salir de ello. Pero, en cierta manera, si le busco las cosquillas, siempre hay un punto de dolor. Lo mismo pasa con las amistades, pero en general no nos permitimos darle tanta importancia y tenemos vía libre para pasar página más rápido. Sin embargo, con las exparejas podemos fantasear con ese amor eterno que se nos quedará enquistado de por vida.

Por desgracia, cuando llevo un par de minutos en el baño, entra alguien. Decido esperar a que salga, y eso me lleva a pensar en cómo ella siempre me decía que tengo que ser más espabilada. Me lo decía con ese tono cariñoso que siempre usaba cuando me decía algo que sabía que no me iba a gustar, y que yo siempre criticaba porque me parecía muy paternalista. Quizá siempre tuvo razón. Siempre la tuvo. Debería ser más espabilada. Minutos más tarde, cuando mi anónima compañera sale del baño, abro la puerta lentamente y me quedo de pie mirándome al espejo. No me gusta mucho lo que veo, pero finjo no darle importancia para no acabar llorando. Quizá no estoy tan guapa como pensaba al salir de casa.

Cuando me estoy lavando las manos, escucho de nuevo el pitido del ascensor, parece que se ha corrido la voz y ahora todo el mundo viene al baño de la primera planta. Cierro el grifo y, aún con las manos mojadas, consigo salir justo antes de que mi jefa empiece a empujar la puerta del baño.

Cuando estábamos juntas, ella solía hacer todo lo que yo consideraba el trabajo sucio: llamar por teléfono, pedir en bares y restaurantes, hacer reclamaciones... Nunca fue una persona a la que le costase hacer esos trámites, en cambio a mí me costaba un mundo. En muchas ocasiones odiaba esa faceta extrovertida que encandilaba a los demás. Ahora creo que lo que me pasaba es que le tenía envidia. Siempre caía bien, siempre era amiga de todo el mundo y no tenía ninguna dificultad para resolver momentos complicados. ¿Por qué yo no puedo ser así? No me considero una persona con grandes problemas de autoestima, pero en este aspecto sentía mucha inseguridad. Creo que ella era consciente y, en el fondo, le gustaba tener ese control y salvarme de las grandes garras de la ansiedad social.

Por suerte o por desgracia, nunca llegué a considerar amigos a su círculo más cercano. Cuando quedábamos con ellos, me limitaba a un par de comentarios de vez en cuando y a escuchar sus historias amorosas fugaces que, para mi gusto, eran bastante decepcionantes. Siempre tenía la sensación de que, a pesar de caerles bien, era un estorbo y un impedimento para que su atractiva amiga volviese a ligar con desconocidas y crear anécdotas para cuando estuvieran de previa en alguna fiesta. Aunque no me molestaba mucho, me hacía estar bastante alejada de todos y me impedía crear un vínculo un poco más profundo. Respecto a esto, E. me comentó en alguna ocasión su descontento: que sentía que no podía contar con ellos para cosas un poco más importantes que darle *like* a una persona en Tinder, y si lo conseguía, era en un momento muy puntual que más tarde nadie volvería a recordar. Dejar de verlos no fue algo difícil para mí, y estoy bastante segura de que para ellos tampoco.

Sigo pensando en ellos de manera agridulce. Sé que la noticia de la ruptura fue motivo de celebración silenciosa –y no tan silenciosa– para muchos, pero no consigo dejar de darle vueltas a si ha tenido encuentros amorosos con alguna amiga. Sé que a Sofía le gustaba, y ninguna de las dos hacía nada por ocultarlo cuando yo estaba delante. Se ponían en ese plan de amigas cariñosas que tanto detestaba y del que no podía hacer comentarios por miedo a parecer una celosa. A E. siempre le ha gustado gustar, ¿y a quién no? A todo el mundo le gusta ser objeto de deseo, pero ella se exhibía de manera bastante provocativa a la gente que sabía que gustaba, buscaba ese interés y anhelaba alimentarlo. Continuamente intentaba provocar ese punto de celos por mi parte. Si no era con Sofía, era con cualquier otra chica que entraba en sus cánones. «¿Has visto qué chica tan guay?», «Ojalá ser como Carla, es superguapa. ¿Sabías que se está sacando un doctorado en Antropología? ¿No te parece increíble?», «Dios, qué bonita la poesía que hace Sara, qué bonito estar cerca de alguien así». Todas esas frases, que salían de una persona que jamás ha leído poesía en su vida o que nunca ha mostrado interés en la antropología, y muchas más se quedaron incrustadas en mi mente, no porque me disgustara que admirase a la gente, sino porque esa admiración solo la manifestaba conmigo y con cosas contrarias a lo que yo era. Con el tiempo, parecía que todo lo que estaba alrededor de mi círculo de intereses le resultaba aburrido o incluso desagradarle.

Los celos no me han jugado muy malas pasadas nunca, por lo menos en voz alta. Es algo que, teniendo en cuenta mis relaciones cerradas, he llevado con bastante coherencia. Aun así, ese retintín y esa provocación me enfurecían mucho. Y esa predisposición por acercarse más y más a esas personas, pero sin cruzar los límites de la monogamia, aún más. Estoy bastante segura de que pretendía que fuera yo la que diese el primer paso, la que saltase para que ella pudiese decirme que me revisara esas formas de actuar, porque siempre estuvo al borde de lo pactado –al menos, que yo sepa–.

Cuando vuelvo a mi mesa, cojo un folio con intención de anotar lo que le voy a decir. He pensado tantas noches en esta conversación que cuando quiero empezar a escribir se me acumulan las ideas una detrás de otra. Decido hacer un esquema para ordenar mi cabeza mientras recuerdo lo que me dijo David sobre los encuentros en los que te tienes que preparar como si fuese una presentación de clase: si tienes tantas cosas que decir que tienes que apuntarlas para acordarte de todas, quizá es mejor no tener ese encuentro. Tiene razón, no hay ninguna necesidad, más que la mía. La necesidad de verla otra vez para calmar mi ansiedad, para comprobar que no ha cambiado nada, y si lo ha hecho, quiero ver cómo lo finge delante de mí. Quizá nos digamos algunas mentiras piadosas, omitamos cierta información y decidamos quedar como amigas. Otra amistad más con una ex. Si me dieran un euro por cada vez...

A veces creo que la imperante necesidad de llevarse bien después de una relación sáfica puede llegar a ser un castigo. Esa falta de límites en los cuidados –ya está, he dejado de quererte o no puedo estar contigo, dejémonos respirar–, esa imposibilidad muchas veces de sanar de manera «normal» el duelo de una relación. En el imaginario colectivo progresista, los vínculos

entre mujeres están completamente romantiza-
dos y basados en esa mística complicidad que
al parecer solo puede existir entre mujeres, fan-
taseando con que nada malo puede suceder en
ellos e infantilizándolos hasta tal punto que en
ocasiones parecen hablar de amistades entre
niñas de 13 años que hacen pijamadas y ven
películas adolescentes mientras comen helado.
Como si no mantuviésemos relaciones sexua-
les ni tuviésemos comportamientos cuestionables o como si no existiese la posibilidad de
que en esas dinámicas se diese una violación.
Ese mismo imaginario, en muchas ocasiones,
se traslada a un campo en el que las rupturas
entre mujeres sáficas tienen que ser perfectas.
Muchas veces, si no ha ocurrido algo completamente injustificable, se suele caer en la posibilidad de ser amigas de manera automática,
como si las dinámicas por las que se produjo
la ruptura fuesen a desaparecer de repente. Y,
en mi experiencia, nunca lo hacen.

Lo primero que escribo en el folio es el nombre de Sofía, pero lo tacho rápidamente. Quizá

tengo más problemas con los celos de lo que me gusta admitir. Pero ahora mismo no me apetece pensar mucho en ello. Cuando le doy vueltas al motivo principal de la ruptura, no se me ocurre nada, básicamente, porque no hay un motivo principal, sino un cúmulo de pequeñas cosas que hicieron que fuésemos totalmente incompatibles la una con la otra. Dejo el bolígrafo encima de la mesa y pienso en la tontería que estoy haciendo. No quiero decirle ninguna de las cosas que estoy pensando, porque mi objetivo hoy no es discutir con ella, sino simplemente verla, escuchar su voz, tener una conversación tranquila, como cuando todo estaba bien; tener esa complicidad que tanto disfrutábamos, aunque sea momentánea, porque esta cita no se va a volver a repetir. Ni siquiera sé por qué lo llamo cita, o quizá sí que lo sé, pero me da miedo hasta pensarlo.

No me gusta recordar los meses posteriores a la ruptura. Fueron un agujero negro en el que yo sobrevivía gracias al café y a una ansiedad perpetua que me hacía estar despierta mucho más de lo necesario. Tener que ir al trabajo al día siguiente como si no hubiera pasado nada es de las cosas que más recuerdo. Sentir que cuando saliera y volviese a casa ya no iba a estar ahí, ni ese día, ni el siguiente, nunca. O esos pocos segundos cuando suena el despertador y aún no eres consciente del infierno que estás viviendo esos días, ese único instante que no está invadido por una tristeza y un vacío absolutos. Ojalá existiese la baja por ruptura, tener permitido no acudir a tu lugar de trabajo para llorar y volverte completamente loca durante, al menos, tres días –cuatro por ruptura sáfica, diría yo–.

Me miro en el reflejo del ordenador. La pantalla se puso en negro hace ya unos minutos por inactividad, pero no tengo pensado hacer nada para que se vuelva a encender. Me fijo en el grano de la frente que me tuvo que salir hoy. No me voy a molestar en explotarlo, porque pese a todo, pese a verme horrible, no creo que se vaya a dar cuenta. Ella siempre fingió que el físico no era algo que le importase, aunque claramente desde fuera todos teníamos otra opinión.

Me pregunto si cuando la vea hablaremos de forma casual sobre si nos hemos visto con alguien más, o si simplemente ninguna lo mencionará y lo daremos por hecho. Por mi parte, no hay ni una triste historia que contar más que algunas citas insípidas con un par de chicas. No fueron mal, pero notaba que lo que hacía era buscar en ellas algún insignificante rastro de E.; incluso, a veces, en la primera cita usaba expresiones que solo existían en nuestro dialecto. Así que, pensando que era por el bien de ambas partes, mostré bastante desinterés hasta que se hartaron de mí. No es algo de lo que me sienta orgullosa, pero es algo que, teniendo en cuenta mi necesidad de que todo el mundo me vea como buena persona, no me afecta en la medida de lo que debería. No quiero jugar la carta de chica herida que se porta mal con los demás por todo el daño que le hicieron, pero a veces siento que estoy en mi derecho.

Muchas veces en la relación pensaba sobre esto último. Esa necesidad de que me vean como una buena persona y de quedar bien con todo el mundo era tan exagerada que hasta me planteé, cuando estábamos en nuestro peor momento, si estaba con ella porque me gustaba o porque me era bastante sencillo estar con ella y sentir que hacía las cosas bien. La gente nos veía juntas y nos adoraba, y yo amaba esa adoración, la deseaba con todo mi ser. «Sois monísimas juntas», «qué buena pareja hacéis», cada frase de este estilo me daba un subidón de validación increíble.

Algo que descubrí con esta ruptura es que la necesidad absoluta de ser una buena novia frente al resto no cambia cuando se trata de ser una buena ex. Después de romper estuvimos hablando durante mucho tiempo, comprobando el estado emocional de la otra y apoyándonos como si siguiéramos juntas. En este aspecto me hacían mucha gracia mis amigas en relaciones heterosexuales cuando me miraban y me decían: «Qué bien que puedas ser amiga de tu ex, yo no podría serlo de mi novio si rompemos». Yo asentía con una falsa sonrisa, porque a veces pienso que, más que algo bueno, es una maldición. Quizá cuando rompes con tu novio insípido al que nadie ha enseñado a mostrar sus sentimientos todo es más fácil, no os volvéis a ver y al cabo de un tiempo te das cuenta de que no sabes cómo aguantaste tanto con alguien que no sabía cómo usar un trapo de cocina. Pero como entres en una espiral de llevarte bien con una ex después de una ruptura sáfica, prepárate para el caos más absoluto.

Entre mujeres creo que las cosas son muy distintas. Esa posición que cumplimos en la sociedad como las responsables de los cuidados de los demás puede llegar a jugarnos malas pasadas. A veces siento que nuestra maldición es seguir cuidándonos hasta morir. Quizá ya esté saliendo con otra chica, quizá esa chica también sea su ex, y nos mezclamos todas en una especie de ritual extraño no pactado en el que no parece haber ningún problema ni malos rollos, pero estadísticamente no puedo ser la única del grupo a la que le parezca extraño.

Cuando empiezo a recoger mis cosas para salir de la oficina, me llega un mensaje de Sabela: «¿Qué haces esta tarde? Lucía me dijo de tomar un café por el centro». Nada más leerlo apago la pantalla del móvil. No sé si contestar poniendo una excusa o pasar de ella hasta mañana. Haga lo que haga, no le puedo decir la verdad. Ya pensaré más adelante hasta cuándo puedo mantener esta mentira, pero por ahora no estoy preparada para los sermones de mis amigas, y más, sabiendo que si pudieran harían lo mismo que yo: quedar con su ex para «ponerse al día» como sinónimo de comprobar el nivel de ridículas que están siendo por seguir pasándolo mal por la ruptura después de varios meses.

Mis amigas fueron, como siempre, mi apoyo más fundamental cuando cortamos. Desde el principio, se apuntaron a los planes más extraños con tal de que estuviese distraída y no llorase cada 20 minutos. Con el tiempo, les empecé a contar las cosas malas de la relación, esas cosas que te guardas porque sabes que contándoselas a ellas se hacen reales y te dirán cosas que no quieres oír. Y sabes que tienen razón, porque tú también les dirías a ellas que no pueden permitir que su pareja pase ciertos límites. Supongo que siempre es distinto cuando se trata de una misma, y cuando se trata de perdonar a una persona a la que quieres. No me voy a flagelar con esto, porque sé que todas en el grupo lo hemos hecho alguna vez. Recuerdo perfectamente a Lucía llorando un par de semanas después de dejarlo con su ex y diciendo que no era la primera vez que la pillaba mirándole el móvil, pero que nunca nos lo había contado por vergüenza. En realidad, siempre me han gustado esas conversaciones: venga, saca toda la mierda, di todo lo que te ha hecho la persona por la cual hace dos semanas hubieses recorrido el mundo entero.

Mis amigas escucharon todos los detalles de la tormentosa relación que tenía con E. y, por

supuesto, no se quedaron calladas. Desde un
«yo sabía que algo malo traía esa chica, nunca
me fie de ella» a un «yo ya me olía algo raro,
pero como no dijiste nada, pues no pregunté». Cuando lo dejas con tu ex, contarles a tus
amigas todos los detalles supone un antes y un
después. Cuando les cuentas todo a tus amigas,
a tu madre, ya no hay vuelta atrás: puedes volver con tu ex, pero para tu círculo estará en el
punto de mira para siempre. Eso mismo pasó
con E., por tanto, no voy a decir nada hasta
después de la cita –no es una cita–. Quizá no
haya nada que contar, o quizá la próxima vez
que las vea apareceré con la cara tan larga que
ya ni les hará falta preguntar lo que ha pasado.

Sin embargo, no todo es echarle las culpas a
E. Considero que soy una persona bastante
consciente de mi forma de comportarme. Sí,
me encanta rajar con mis amigas de mi ex con
la cual quiero volver –¿quiero volver?–, pero
yo tampoco hice las cosas bien. Creo que para
quedar bien con una exnovia tienes que poner
de tu parte y saber escuchar su versión; saber

decir que sí, que tú también la has cagado y quizá no eres consciente hasta el momento en el que las palabras salen de su boca. No hay nada que más odie que una persona que solo tiene malas palabras para sus relaciones pasadas, pero no tiene ningún tipo de autocrítica.

Nuestra relación era dañina por ambas partes, y ninguna de las dos tuvo más culpa que la otra de ello. Algo que siempre admiré de ella es que probablemente piense lo mismo. No hay victimismos innecesarios, no hay acusaciones sin sentido, las dos nos hemos sentido en la mierda por culpa de la otra y hemos hecho cosas horribles. Discusiones que llegaban al desprecio y muchas inseguridades sin hablar que acababan en una reconciliación preciosa en la que se veía lo mucho que nos queríamos. Pero esa montaña rusa solo es una extensión de un amor que sabes que tiene que terminar, y no sabes cómo, ya que es algo a lo que estás completamente enganchada. El poder salir de esa espiral que para mí era como una droga es un proceso que jamás querría repetir. Pero aquí estoy, saliendo del trabajo para quedar con mi ex a tomar un café.

E. no es mi única ex, tuve dos relaciones antes que esta. De la primera no tengo buenas palabras, y lo único que quiero pensar al respecto es que pude salir de ahí. Con la segunda fue distinto. Considero que fue una relación sana y que con ella pude volver a confiar en el concepto de relación, saber que el amor es otra cosa. Pero, de la misma manera, el amor no es suficiente, el amor nunca es suficiente en una relación, y menos mal. Clara y yo rompimos por falta de comunicación, por falta de cuidados. Por cumplir con el estereotipo una vez más, ahora somos amigas, porque a pesar de dejar de llevarnos durante un tiempo nos preocupamos la una por la otra. Tenemos un grupo de amigos en común y todo parece muy divertido, pero pese a todo el tiempo que ha pasado –más de cinco años– nunca se ha convertido en mi amiga de la manera en la que lo son los demás. Es mi amiga y es mi ex.

Ser ex es algo que siempre va a unirnos, es una etiqueta para toda la vida que solo puede ser cambiada si se vuelve a la relación –ejem–. Jamás volverás a ser mi novia, pero nunca dejaré de ser tu ex. Tu exnovia, tu examiga. Me alegra saber que, aunque es una etiqueta casi inmutable, puede cambiarse la visión que se tiene de ella. Yo misma, a pesar de mi discurso interno, cuando escucho la palabra ex la escucho de una manera negativa. Pero no solemos pensar en nosotras mismas como la ex, como esa persona que, cuando ella la menciona frente a sus amigas, provoca un resoplido o unos ojos en blanco. Es completamente imposible ser la persona perfecta, por lo tanto, es completamente imposible ser siempre la ex perfecta. Para algunas, la ex perfecta es esa de la que nunca más vuelves a tener noticias; para otras, es la que a pesar de todo siempre está ahí. Cada relación, cada momento vital, es diferente. Yo no voy a ser la misma novia que era hace ocho años, tampoco voy a ser la misma ex, y tampoco trataría de la misma manera a la ex de hace ocho años que a la de ahora.

Cuando llego al punto de encuentro, veo que es una cafetería de especialidad. Sonrío para mis adentros, porque siempre nos burlábamos de este tipo de locales aunque los frecuentáramos mucho. Como soy la primera en llegar, le voy pidiendo dos cafés a la camarera. Uno con leche y otro manchado con mucha espuma. No sé si le sigue gustando así, pero con esta tontería me aseguro de mantener un poco el control. Si ahora le gustase el café solo, todo habría cambiado. La camarera me sonríe de forma amable, y yo pienso en que a E. le gustaría. No puedo parar de pensar en eso y me siento estúpida. Cojo uno de los azucarillos que se encuentran en la mesa y empiezo a jugar con él de forma nerviosa. Miro el móvil y abro su conversación. No me ha dicho nada. Veo su último mensaje: «Genial, el jueves allí a las 17:30». Son las 17:32. Me va el corazón a mil, y de repente tengo la sensación de que esto es muy mala idea. ¿Por qué me habrá hablado aquel día? Y lo más importante, ¿por qué le contesté yo? Odio esta ambigüedad. Debería haber una regla universal no escrita sobre quedar con una ex: si eres tú la que escribe primero, tienes la obligación de decir cuál es el motivo real de querer volver a vernos, no vale solo con proponer el plan. Tomar un café puede significar muchas cosas. ¿Quieres tomar un café para volver conmigo? ¿Quieres tomar un café solo porque quieres charlar y distraerte? ¿Tienes remordimientos por algo y quieres quedar a tomar un café para…?

–Hola, Ana. ¿Qué tal? Perdón por llegar tarde. Me alegro mucho de verte.

Por qué ya no me baila

Bruno Cimiano

Bruno Cimiano *(Palencia, 1988). Poeta, escritor, educador, antropólogo, sexólogo y psicoterapeuta. Autor de* Pelos y hogares, poemario trans* *(Ed. Bauma, 2018) y* Por si se te olvida: memorias y desmemorias trans* *(Ed. Bauma, 2023). Hijo de un psiquiatra loco y de una cuidadora de enfermos terminales que murió sola. Involucrado en la lucha transfeminista interseccional y en la salud mental. Aprendiz y explorador de qué significa familia y qué significa amor.*

Por qué ya no me baila

Bruno Cimiano

Me propone Valentina que si quiero escribir un capítulo para este libro.

La lesbiana que me habita, esa que quiere decir que sí con un anillo a cualquiera cualquier día, dice inmediatamente: «Sí».

Sé que si me pongo a escribir sobre un amor de ex, voy a escribir sobre ti.

Lo he hecho antes. Pero con la poesía siempre controlo lo que pongo a salvo.

Las partes de nuestra historia hermosa y turbia; al fin y al cabo, las partes de mí en las que puedo decidir no entrar, no mirar, no abrir.

Yo, y la lesbiana que frente a todo pronombre me habita, decimos «Sí». Un capítulo que va del amor inclasificable que te tengo.

Un capítulo solo, nada más un capítulo, y por debajo de él, toneladas de memoria y la conciencia sobre lo indestructible que es ese lugar en donde te coloqué dentro de mi *corazón-niño*.[1]

Más que un capítulo, me sale una confesión.

Estoy a punto de cumplir 29.
Te miro al otro lado de la mesa, ausente.
Hace un tiempo que sé que ya no te sé querer.

Yo nunca había experimentado, antes de ti, los deseos de llamar a una casa «nuestra casa». Juntar sueldos precarios formando así un sueldo estándar. Ir en Navidad a ver a la familia (la

---

[1] Concepto prestado de Hireneo Astorga, de su poesía «Unu», del libro *Erotismo y llorería, antología transfronteriza de poesía transmasculina* que publicaremos juntos en un próximo futuro.

tuya, no la mía; yo eso llamado «familia» no lo tengo, y primer punto de mi confesión: confieso que me da pena venir con esta tara). Fantasear decidir juntos que si Montessori o que si defender la escuela pública. Si okupa o cesión, si núcleo urbano, ruralidad o periferia. Cuál es el lado de cada une en la cama. Si se aliña la ensalada en el bol o si cada cual en su plato. Ahora, ya no somos capaces ni de decidir quién hizo el daño primero y quién reaccionó después. Esta vez.

Otra vez.

Hemos intentado con tres sesiones de pareja.

La actitud de la terapeuta no nos convence. Nombrar lo que duele, más allá de la anécdota, tocar el fondo: eso, menos.

Te canto a modo de risas *Lo echamos a suertes*, de Ella Baila Sola. La situación se inunda de una gracia triste.

La ironía esta vez no nos salva.

Follamos pero ya no quiero. Finjo un orgasmo.

La decadencia se cuela en cada detalle de lo que fueron nuestros rituales.

Me aterroriza entender que no sabemos cómo decirlo. Que sí, que bueno, que lo echamos a suertes. Pero que se ha terminado.

Comienzo el relato en presente, pero la realidad es que han pasado ocho años. Aprovechando que Valentina me brinda la oportunidad, y confiando en el santo ejercicio del mirar atrás. Confieso que estoy aquí, ocho años después, en mitad del paraíso aragonés en mi descanso de agosto, sentado y llorando. Qué absurdo y dramático, y qué importante y,

¡sí!, lesbiano, y qué jodidamente humano resulta, todo esto.

Hay algo que se me quedó para siempre pendiente de poder decir.

Y es que fuiste mi primer novio trans sin saberlo. Alguna vez creo recordar que te comenté: «Yo creo que te pasa algo con el género». Esa frase que ofrendé, que es como un regalo que nos vamos regalando les unes a les otres. Esa misma frase, que unos años antes me otorgaron a mí también. En similares condiciones, de desnudez y de intimidad salvaje: aquella única en donde lo fundamental no encuentra escondite frente a lx otrx.

Fuiste mi primer amor trans, aunque por aquel entonces ninguno de los dos lo sabíamos. Tú, que acompañaste con presencia, escucha, sexoduro adolescente y mimos mañaneros de domingo mis primeros pasos de testosterona.

Con tu tránsito, yo ya no tuve el lugar ni la potestad de poder hacerlo. Siguiendo el hilo de confesión diré que, a ratos, fue muy difícil ser testigo a lo lejos de cómo otra persona hacía ese papel.

Pues nada, resulta que finalmente los dos éramos trans, y que ya lo sabíamos sin saberlo. Supongo que fue por esta tendencia inherente hacia lo disidente que ahora, con esto de dejar de ser pareja, también tratamos de hacer algo diferente a lo aprendido. De querernos, aun con el corazón cansado. De construir amor, después del amor.

Al final, yo no sé si fui Marta o si fui Marilia, pero sí fui quien dijo en alto lo que durante un tiempo ningune se atrevía. Recuerdo que afuera llovía, estábamos dentro de una tienda de comida rápida. Sonaba una canción en inglés, al parecer tú la conocías, porque hiciste un *lipsing* mientras se te caían las lágrimas. Esa fue tu respuesta física a mi pregunta retórica.

El día siguiente era mi cumpleaños. Me levanté
y fui directo hacia la máquina de escribir que tú
me habías regalado justo hacía un año. Tecleé.

Te guardo como un tesoro
en una cajita de oro,

entre algodones de enfado y de
arrepentimiento
qué torpe, por mi parte
qué incongruente aprendizaje
y sin embargo, así me quedo
así es, como yo aprendo a hacerlo

por si vuelves a suceder, en ti o en otro cuerpo
por si vuelvo a sentir.
Ya sabes, por si la siguiente.

....

Hoy, era casi noviembre

y desperté con un sol de agosto
picándome en los párpados.

Bostecé. Noté la ausencia.
El vacío. Me hice un café.

Y con el café, comprendí.

Miedo marchó de viaje
dolor marchó de viaje
resulta que
no se despidieron y

por favor te pido, que no se enteren:

no les cuentes que les voy a echar de menos.

....

La saliva en la cicatriz
me salva la cicatriz

a MÍ me salva la cicatriz
y a ti, ¿qué te salva?

Eres más de doscientas escenas en mí que, con vergüenza, confieso ante quien lea esto yo aún no sé digerir, ni ordenar, ni superar.

Estamos volviendo de fiesta hablando de nuestros libros favoritos. Estamos en la cama rígidxs en un silencio triste y denso. Estamos bajo el sol sin camiseta haciendo un dibujo en cartulina a medias. Estamos evitándonos deliberadamente en la repartición de roles en la asamblea. Estamos follando en el *terrao* de la okupa donde vivimos. Estamos discutiendo y aburriendo a nuestras amigas. Estamos yendo en autostop a unas jornadas de autodefensa feminista. Estamos dándonos unos días con el corazón totalmente roto. Estamos en mi cocina, te digo que te estoy cogiendo cariño, me abrazas. Estamos hablándonos mal justo antes de un bolo. Estamos dentro de una bañera, con velas y música. Estamos caminando cada une por una acera, sin mirarnos. Estamos paseando en tu ciudad de origen visitando tu pasado, escuchando replicar las campanas de misa. Estamos peleando en un *sexshop* cutre delante de la dependienta incómoda. Estamos en Madrid durmiendo totalmente fusionadxs en un colchón en el suelo de un salón en medidas 90 x 180. Estoy pegando un portazo, te estás yendo de casa. Estamos cenando mi plato estrella brindando por nosotres. Estamos llorando al encontrarnos después de una mani, nuestra primera mani en que ya no somos pareja. Estamos versionando juntes una canción mientras me acompañas al funeral de mi abuela. Estamos mandándonos whatsapps hirientes. Estamos corriéndonos al unísono y partiéndonos luego de risa. Estamos mirándonos a lo lejos en un concierto, como dos extraños que nunca se quisieron. Estamos a la salida de tu trabajo en esa estúpida cafetería del Born, la misma que más tarde te despidió por tener barba, muy nerviosxs dándonos por primera vez la mano. Estamos durmiendo de espaldas, enfadadxs y bloqueadxs. Estamos buscando a alguien para hacer un trío por los bares de Granada. Estamos mirando el móvil para no mirarnos a la cara.

Estamos inaugurando tu nueva casa. Estamos involucradxs en una acción directa. Estamos lejos. Tu mamá se ha muerto el mismo día del cumpleaños de la mía. No sé dónde estás. Sí estamos lejos. Muy muy lejos.

¿Qué parámetros tiene un amor trans? ¿Y un desamor? ¿Mi apego es lesbiano, o es más de mis marikas contemporáneas politizados? Y lo que más nos concierne: ¿en qué modelo de desapego me baso yo?

Para quienes en cada ruptura estamos abandonando lo que sería casi nuestra única familia, los manuales, los protocolos y los libros del buen hacer, heterosexuales o bolleros, se nos quedan marcianos. Siempre parece que eso lo han escrito otras, otros, y que van dirigidos para otra gente. Otras, otros, que no han sentido el desarraigo estructural desde un lugar tan hondo que, en determinadas oleadas, tu mente llega a creer que te vas a morir. Otra gente que tiene el árbol genealógico bien puesto. Gente de buen suelo. De ancestralidad presentable. A ti y a mí nos miro con compasión y con cariño y sé que intentamos, y a Dios pongo por testigo que intentamos, hacer algo distinto. Y también sé que lo logramos, a ratos. Lo sé, porque si no, estas palabras, este capítulo, no tendrían lugar alguno en este libro.

La primera vez que escribí sobre ti fue un relato erótico precioso de sudor, hormonas y verano. La última fue un vómito en horario laboral mareándome de la angustia mientras supuestamente estaba trabajando.

Entre una escena y otra se jugaron nuestras esperanzas.

Tú y yo

nos andábamos abandonando en los días
en los mismos convulsos días
en que el otoño abandonaba al verano
y Catalunya abandonaba España

Tú y yo

nos íbamos perdiendo en los días los
mismos putos miserables días
en que mi madre echaba a la
calle la ropa a mi padre
y se metía a llorar en la cama
en que mi padre le amenazaba por teléfono
y dejaba de comer, y se volvía loco

aquellos días
sus abogadxs comenzaban su
ceremonial guerra fría los
políticos su gran circo de estafa
y tú y yo

«tú y yo» abandonaban y perdían
todo lo que les hacía cómplices
lo que les complacía, acoplaba, acompañaba.

Quisiera que alguien nos traiga de vuelta
que pare con esta ironía
de días
decirte mira,
no somos ni tu padre ni mi madre
no quiero tus cosas en la calle
ni dejar de comer ni el cuerpo en cama
quiero traernos de vuelta a casa
de vuelta abrazarte

que alguien por favor si lee esto me diga
qué hago
cómo se despierta del descuido del letargo

del cuidado
del amor
y el respeto.

Qué desastre, cariño, qué desastre.

Después de ese desastre, vinieron los años. Con los años, vino este relato para *(h)amor ex*. No sé dónde estás. Solo más o menos. Sé, por ejemplo, que habitamos la misma ciudad. Que estás criando una familia. Estamos lejos. Muy muy lejos. Me gusta felicitarte por tu cumpleaños. Ver alguna foto que cuelgas. Me emociona saber que existes. Me reconforta la idea de que, en este mundo, hay personas como tú.

Antes de enviarlo a la editorial decido informarte, qué menos, yo qué sé. Hacerte saber que va a pasar esto, que no te lo encuentres de sorpresa cualquier día en una librería, o peor, en casa de alguien.

De ahí derivan varios mensajes, que derivan a su vez en audios. Que derivan finalmente en compartir un viaje juntos.

Nos encontramos, años después de todo, flotando en las playas de Formentera. Rodeados de feministas, no nos da tiempo a hablar de todo lo que necesitamos. Siento tu cuerpo cerca del mío por unos pocos días. No pido más. Es suficiente. Eso calma por dentro a este amor extraño que te guardo. Que no sé si algún día sabré explicar.

Última confesión que cierra este texto: eres algo germinado en mi *corazón-niño* que el tiempo nunca va a arrancar. La primera vez que sentí la semilla de un hogar sin violencia. Hoy todas estas cosas con las investigaciones de trauma te las explican por todos lados. Hoy, que me he puesto las pilas y que me lo he estudiado mucho todo, ya sé. La teoría ya me la sé. Por entonces, no, ni eso. No comprendía. Imagino que tú, tampoco.

Imagino que la práctica disidente y política del desamor en mitad del desarraigo la estamos aprendiendo a la vez que la vamos inventando.

Fuiste mi primer amor trans. Eso sí es verdad. Es por eso que aquí, en este libro, Bruno te agradece la vida.

41°22'30.4"N + 2°09'59.4"A

Alba Cros y Nora Haddad

ALBA CROS. *Es cineasta, directora de fotografía y docente afincada en Barcelona, cuyo trabajo explora la identidad, la intimidad y otras narrativas. Entre sus películas se encuentran* Les amigues de l'Àgata *(2015) y* Alteritats *(2023), además de ser directora de los cortometrajes* Anhel de llum *(2023) y* Ferides *(2025).*

NORA HADDAD. *Socióloga, artista sonora y compositora que entrelaza estas disciplinas para explorar y comprender el mundo que habita. Trabaja como jefa de sonido directo en proyectos de cine, series y documentales, y es codirectora del documental* Alteritats *(2023).*

41°22'30.4"N + 2°09'59.4"A

Alba Cros y Nora Haddad

Dos imágenes: una herida y una flor.

Recuerdo perfectamente el momento en que vi la flor, tenías una flor nueva en tu habitación. No tienes mucha tendencia a comprar flores, pero ahí estaba aquella, inédita. El primer detalle de tu futura amante.

Acto seguido vi una heridita en tu tobillo. Caminaste demasiado con tus zapatos nuevos. Desde que te conozco llevas los mismos zapatos de piel negros, que vas cambiando en cada temporada de invierno. No entiendo cómo no pensaste en que la escapada por la montaña te destrozaría los tobillos.

Mientras te limpiaba la sangre y te sal-
taban las lágrimas, sentía que aquella
herida se estaba colocando también en
mí. Tú llorabas pese a que el corte que
tenías era pequeño y no dolía tanto, nos
dolía reconocer lo que estaba sucedien-
do. Vislumbramos entonces que nuestra
relación empezaba a desmembrarse. Te
puse la tirita, también como forma de
apaciguar la aflicción emocional, no hacía falta hurgar más de la cuenta en ese
momento. Estábamos las dos heridas, yo
te curaba la tuya –una de muchas– y la
mía, que acababa de germinar, se curaría
más tarde, sin tu presencia.

Qué difícil es poner un punto y aparte
cuando no tienes la certeza de saber si
será un punto seguido. Quieres que lo
sea, pero no solo depende de ti. En medio
del océano de dudas que se abría ante
nosotras había una fuerza latente, sub-
terránea, que nos empujaba a un nuevo
abismo. La única lucidez era la confianza

del amor que nos teníamos, que se estaba quedando estancado y gritaba crecer,
pero no sabíamos si estábamos prepa-
radas ni cómo ni hacia dónde dirigirlo.
La herida escenificaba el pequeño nuevo
corte que nos habíamos hecho, que te había hecho. Envuelta con la vergüenza que
me daba que descubrieras que no sabía
hacia dónde iba, que estaba perdida. Mis
propias heridas me superaban y te herí.
Decidí por ti, decidí por mí, decidí por
las dos y lo decidimos entre las dos. Aunque me la hiciera con mi nueva amante,
eran tus cuidados y tu amor lo que la
sanaba. Recuerdo muy bien tu serenidad
cuando viniste a mi casa a curarme. Hasta te reías por la perplejidad de la situación, me sostuviste mientras yo gritaba y
lloraba casi sin fuerzas para sostenerme
a mí misma. Tuve la necesidad de libe-
rarte de mis heridas, mis mochilas. Sin
saberlo, necesitaba empezar un camino
sola y a tu lado a la vez. Así que sellamos

un pacto en silencio, sin reproches, que
nos lanzó a un punto seguido.

Era una tarde de sábado y llovía mucho;
yo te esperaba en una recóndita terraza
de hotel para tomar algo. Nunca nos en-
contraríamos en un hotel, pero este en
concreto tenía algo especial, una estética
particular en un callejón muy silencioso
(incluso sospechoso).

En aquel momento, mientras esperaba a
que llegaras, no sabía que ese mismo hotel sería el escondite al que iríamos con
mi futura novia, ahora también exnovia.

La cuestión es que, ese día de lluvia, lle-
gaste apresurada y vi cómo los nervios
–que yo también sentía– se reflejaban
en un intento torpe y fallido de cerrar el
paraguas mojando toda la mesa. Te sen-
taste a mi lado y no enfrente de mí, sería nuestra quinta o sexta cita. Me daba
vergüenza sonreír porque me acababa de

comer un puñado de almendras crudas y las tenía por todos los recovecos de mi boca. Te ofrecí almendras para sonreír juntas con los dientes ocupados, pero no quisiste, todavía te ruborizaba el comer. No pasó absolutamente nada en aquella velada, solo tomamos unas cervezas, y lo único que sentía es que estabas muy dentro de mí. Seguramente no recuerdes aquel momento, a mí se me ha quedado grabado; la idea de pensar que estabas en mi vida me llenaba. Lo sentía como algo inconmensurable, ¿real? Lo que tenía que ser, supongo. Recuerdo aquella vez que nos cruzamos en medio del Raval, no nos conocíamos mucho y con el saludo de un gesto rápido de barbilla pensé:

«Esta persona algún día formará parte de mi vida».

Me habían hablado de ti. Una amiga fotógrafa había hecho fotos en un evento donde había una chica que tocaba la batería. «Una chica de pelo largo, muy *hot*», decía; «una chica que te va a encantar, Alba. La tienes que conocer». Pregunté por tu nombre, pero mi amiga no lo sabía. Esta es la primera información que me llegó de ti. Después nos cruzamos un par de veces por la ciudad y sus eventos; en uno de ellos te acercaste a mí y me preguntaste algo con ese tono misterioso que siempre te envuelve. Había algo, al mirarnos, en el espacio-tiempo que se paraba y me atrapaba. Mi mejor amiga tiró de mi brazo y me dijo: «Nos vamos». Y ahí te volví a perder. Hasta que un día, haciendo el *making-of* en un rodaje de publicidad, llegué al *set* y allí estabas tú: eras la chica que tocaba la batería de una banda de rock. Me acerqué a ti y pensé: «¿Eres tú?». Me costaba un poco identificarte porque ibas toda maquillada (rarísima) para el *show* del anuncio. Durante el día de rodaje buscábamos cualquier excusa para hablar y estar juntas en las pausas.

En un momento de la jornada mi jefa me echó la bronca por algo que ni recuerdo pero que me afectó. Rodábamos en un parque muy grande y decidí andar un rato sola para aislarme de la gente y llorar a escondidas. Me tumbé en un banco y cerré los ojos. Me viniste a la cabeza y pensé en ti. Pensé que, dentro de este mundo hostil que es la publicidad, a la persona que en aquel momento me encantaría tener a mi lado eras tú. Escuché un ruido, abrí los ojos y ahí estabas, mirándome curiosa con un «¿Estás bien?». Hablamos un rato y le quité peso a mi drama; me daba vergüenza que me vieras así. Me sentí muy escuchada y arropada. A cambio, tú comentaste lo incómoda que estabas porque te habían puesto vestuario de *rockstar*, de lentejuelas brillantes, con mucho maquillaje y mucha laca en el pelo. Ahí nos reímos mucho del *show* donde estábamos metidas las dos por ganar algo de dinero.

Cuando terminó la jornada te perdí de vista otra vez. No me había despedido de ti y no tenía ni tu nombre ni tu contacto. Pero apareciste a última hora. Supe al verte que habías cruzado todo el parque para despedirte de mí. Ya no ibas vestida de *rockstar*; ahí volvías a ser tú otra vez. Me diste tu contacto, quedamos en vernos y te fuiste. Después de aquel día me di cuenta de que me gustabas y de las ganas que tenía de conocerte.

Nos quedamos hablando durante horas, como siempre en realidad. A veces parecía que la emoción de querer contárnoslo todo nos convertía en personas ombliguistas que no ven a la otra, puesto que solo hablan ellas y de ellas; como una forma de no estar presente en el tiempo compartido sino estar pensando en lo que estás contando y vas a contar.

Por suerte, en nuestro caso no era así, nos interesaba lo que teníamos que contarnos pese a las locomotoras infinitas. A veces parecía que íbamos por turnos de palabra: primero tú, luego yo. Incluso levantaba la mano para hablar, como en clase. Esto no es verdad, ¿te imaginas? En los momentos en que nos quedábamos calladas y nos mirábamos a los ojos, nos recorría por el cuerpo esa bonita sensación de estar conteniendo una emoción y no saber cómo materializarla o expresarla. A ti te salía de dentro un gesto torpe para tratar de acariciarme, yo me tocaba el pelo (entonces muy largo) y con el impulso de la bajada de mi mano, la acercaba a tu brazo y te tocaba, disimulando, haciendo ver que la mano había caído encima de ti. En aquella época éramos dos personas que no llevábamos demasiado bien el tema del contacto, dos seres que se acercaban coreográficamente muy despacio con guantes puestos, como si los cuerpos fueran de porcelana. Cautelosas, vigilantes y distantes, pero deseosas de darnos amor, vivimos una relación ligeramente reprimida. Nos quisimos y nos deseamos mucho desde el primer momento, pero todo pasaba de forma subyacente o desde la contención. Ahora hemos aprendido a querernos desde lo que hay. La forma especial que tienes de ver y estar en el mundo es lo que más me gustaba y me gusta de ti. Recuerdo que presumíamos con el discurso de la independencia relacional y la autosuficiencia, utilizando conceptos que ni siquiera sabíamos qué significaban, pero quedaban bien al oído de la otra. Seguro que algún neologismo desde la ignorancia apareció por ahí, felices con nuestro propio lenguaje. «Yo tengo mis amigas y mi red y después estás tú», me decías. A lo que yo respondía: «Sí, claro, coincido contigo». No nos autorizamos a vivir una relación convencional, así que, ambas marcadas por experiencias pasadas, intentamos no repetir patrones –hicimos todo lo contrario– y decidimos vivir la relación en intimidad, al margen de las amigas, solo las dos, una burbuja. Apenas conocía tu entorno, tampoco tú el mío. No coincidíamos en grupos sociales. Nos encontrábamos a altas horas de la noche cuando terminábamos de nuestros quehaceres. No había *pack*, solo un pseudoacuerdo oral, aparentemente ligero. Tú me llevabas a ver cosas y yo te llevaba a escuchar otras, y luego tomábamos vino, a mí siempre se me caían las copas al suelo. Conforme avanzaban los meses, las copas en el suelo se reducían, las horas juntas se ensanchaban, los guantes tan solo se usaban en invierno y la relación aparentemente ligera se fortalecía.

Siempre pienso que el no haber vivido juntas ha dado forma a la relación que tenemos ahora. Llegamos a soñar con el piso perfecto que nos gustaría tener: gigante, con un estudio y espacio personal para cada una. Pero era un sueño que no podíamos permitirnos. Nuestro afán de no dar las cosas por sentadas, de no caer en inercias, de querer siempre priorizar el tiempo de calidad frente a la cantidad y nuestros dogmas conscientes o inconscientes creo que de algún modo nos han salvado. No queríamos vivir juntas. Lo decidimos. Pero sí que queríamos estar cerca. Llegamos a vivir a una calle de distancia. Cerca pero no juntas. Tardábamos menos de un minuto en encontrarnos. Tardábamos segundos en quedar. Y siempre hemos seguido quedando. Aún quedamos como cuando quedamos por primera vez. Y me encanta la idea de seguir quedando. Las horas pasan siempre muy rápido y tienen un inicio y un final. Un final que anuncia que tendremos que volver a quedar, porque las horas que hemos pasado juntas no han sido suficientes. Hace ocho años que te conozco y aún no me he saciado. Aún tengo ganas de quedar contigo. Siempre estoy con esta sensación de aprovechar el encuentro como si fuese el último. Porque aun ahora, sabiendo que estás a mi lado,

siento que te me escapas de las manos.
Que, aunque quiera, no puedo agarrarte.

A los pocos meses de conocerte te invité
a mi casa, creo que era la primera vez.

Tenía hilos rojos colgados por toda la
habitación, me daba mucha vergüenza
que los vieras, pero decidí dejarlos e in-
ventarme alguna historia para argumen-
tar el porqué de los hilos. A decir verdad,
tan solo me gustaban y ya. No sabía de
qué casa venías todavía, me lo imaginaba, pero no estaba segura; esto me
creaba cierta inseguridad. Mi habitación
era Titanic, la llamaba así. Antes de que
entraras te conté que las noches estaban
orquestadas por los gritos del barrio del
Raval, los cláxones de los coches y los
tshhh tshhh tshhh de los chatarreros. No
te sabría decir por qué, pero me gustaba
mucho amanecer contigo allí. Por las ma-
ñanas entraba un sol que rebotaba contra la pared de los hilos y escuchábamos

el *tictictictic btaaano* del señor del bu-
tano; estos sonidos inexactos, intermi-
tentes, que te hacen sentir que la vida
late allí fuera, como latía entre nosotras.
Dormíamos en un futón a ras del suelo,
estábamos muy cerca del agua, y a veces,
si la marea estaba un poco movida, daba
miedo, pero nos abrazábamos fuerte
para evitar naufragar. Has sido siempre
un sostén muy seguro para mí.

El día que me presentaste a Titanic lo hiciste como cuando lanzas pequeños acer-
tijos para la atención y la imaginación de
la otra. Titanic era tu habitación en el corazón del Raval, con esa mezcla de olor
a kebab y arroz hindú que subía todo el
día de la calle. Te confieso que nunca llegué a entender del todo qué pasó con la
inundación de tu piso para que tu habitación se llamara Titanic. Para que no se
notara entonces, te hacía preguntas sutiles e indirectas que se respondían como
un crimen que no quiere ser resuelto. Así

que, con pocas pistas, Titanic para mí era un conjunto de hipótesis y muchas especulaciones en mi cabeza.

Cada vez que decías la palabra Titanic –aun ahora– trataba de imaginar qué parte del barco era tu habitación: si todo el barco, la proa, la popa o un simple camarote. Lo único que entendí fue que hubo un centímetro de agua en el suelo que entró e inundó tu cuarto. Así que, fuera cual fuera la parte del barco, siempre había un agua imaginaria en el suelo que no podíamos pisar. Y así me lo recordabas tú, agarrándome del brazo con cautela cada vez que entrábamos en la habitación.

Allí empezó nuestro lenguaje propio, nuestros juegos de palabras incitados por ti.

Las dos nos negamos a llamarnos «cariño» o «amor», y esa negación nos abrió un abanico infinito de posibilidades: nombres inventados que nacían en el momento en que los descubríamos juntas. Nombres que, por confusión o aburrimiento, cambiaban y evolucionaban. Nombres que se transformaban y crecían como lo hacía nuestra relación.

Nombres que definían un estado de ánimo, una intimidad, un instante de nuestra cronología. Hasta que algo nuevo aparecía y los transformaba.

Esto nunca cambió: ni cuando éramos novias ni cuando dejamos de serlo. Por eso siento que nuestra relación sigue viva, que no se ha dejado morir ni caer. Que hay algo que vibra y atraviesa las distintas formas y etapas en las que nos vamos encontrando.

Tres años y medio más tarde, durante la ruptura, no podía imaginar que desaparecieras de mi vida; yo deseaba tanto la ruptura como tú, pero había algo en mí que gritaba lo contrario. Pensaba que tal vez habíamos llegado a ese punto de las relaciones en el cual ya no hay nada más que aprender, que teníamos que emanciparnos la una de la otra y seguir creciendo con otras personas o con nosotras, pero bajo esa otra etiqueta de ex. A pesar de tener esta certeza, sentía un miedo terrible a que nos olvidáramos la una de la otra y pasáramos a ser esas conocidas que se ven una vez cada dos meses para narrarse mutuamente las autobiografías. Pero por suerte había algo que nos retenía; entre muchas lágrimas y nudos en el estómago, sabía que en el fondo no te ibas a ir, porque teníamos nuestro proyecto que justo estaba arrancando. Me agarré fuerte a esa idea y eso permitió que mi duelo se viera apaciguado. Hacer una película implicaba muchos años y nos importaba demasiado a las dos como para estropearlo. A partir de ahí supe que estarías en mi vida al menos el tiempo que duraran el rodaje, el montaje y el estreno, unos cuatro años más. Ahora han pasado casi ocho años y sigo sin poder concebir un futuro sin ti. Hace muy pocas semanas te pregunté si te provocaba algo cada vez que yo estaba emparejada o con alguna amiga nueva o amante. Me respondiste que, evidentemente, algo te provocaba, cierto impacto existe siempre. Concluimos que lo que más nos atemoriza es la idea de ser relegadas, de pasar menos tiempo juntas, de dejar de ocupar ese espacio compartido, pero en el fondo, la relación forjada –ahora horizontal con nuestras respectivas parejas– es más fuerte y revolucionaria que la verticalidad y la lógica relacional heterocentrista.

T'estimo l'impossible, te escribí el otro día, lo que no puede no ser.

Es curioso cómo se reconstruye una relación y se transforma en un terreno nuevo, sin leyes ni convenciones. El hecho de dejarlo, de pasar a ser «exnovias» que se quieren a su manera, que desean seguir estando en la vida de la otra, generaba una confusión externa constante. Me gusta compartirnos y acompañarnos en el amor con otras. Me encanta cuando estrenas algo y quedo con tu amante o tu novia para ir juntas a verte. Siento que se crea un equipo que te ofrece el doble de amor. O como cuando nos visitas a mi novia y a mí estando de vacaciones. Es como una familia que va creciendo, un hogar multiforma y moldeable.

Tú me has conocido en mis momentos más vulnerables y más oscuros. Siento que, aunque hace años fuésemos incapaces de verbalizar nuestro amor, ese amor ya se mostraba en los hechos: en el querer sin condiciones.

Tengo miedo a perderte, a que no estés en mi vida.

A dejar de saber cómo piensas.
A dejar de saber cómo estás.
A dejar de saber cómo creces.

Nos veo ahora y siento que hemos crecido mucho juntas, que hemos aprendido a querernos. Llevo un pedacito de ti, con orgullo, dentro de mí. Creo que somos quienes somos por las personas con las que hemos estado. Por eso, también me pregunto: ¿cómo definir, y si hace falta definir, ese amor que se transforma y nos acompaña a lo largo de la vida?

Durante los años de relación tendía a grabarnos en todo momento, quería capturar cada detalle de nuestro día a día; supongo que era un ejercicio inconsciente de no dejarnos caer en el olvido. Hoy he vuelto a escuchar una carta sonora que te hice para tu cumpleaños y me doy cuenta de que, de todo el archivo conjunto que tenemos, elegí montar solo momentos en los que reíamos y jugábamos.

Nos ofrecimos todo el amor que estaba a nuestro alcance de forma incondicional, pese a haber creído siempre que me habían arrebatado el amor al estar atravesada por una infancia marcada por la violencia. Pensaba que entregarme sería un deslumbramiento permanente, llegué incluso a temer la ceguera. Tuve la suerte de que, aun teniendo los ojos vendados, me arropaste para orillarme en un lugar seguro, junto a ti, desde el que poder mirar de nuevo. Al escucharnos hoy siento que aprendiste a aliviar mis heridas y que, lejos de temerlas, ahora, tan solo escucho su reverberación.

Me encantaría poner, una al lado de la otra, todas las copas que se rompieron en los bares cuando lo único que intentábamos era acercarnos y entendernos. El miedo a asumir que estábamos más dentro la una de la otra de lo que creíamos provocaba el estallido en aquel ambiente tenso que generábamos. La incomodidad de aceptar que sí nos queríamos traía consigo el riesgo inasumible de también perdernos.

Por eso recogería todos los trozos rotos y formaría con ellos una hilera larga, para escenificar todas las veces que nos quisimos pero no supimos cómo hacerlo. Por todas las veces que no nos atrevimos a decirnos que nos queríamos.

Kilos y kilos de cristales rotos.
Kilos y kilos de miedo a amarnos.

Siempre me ha gustado tu pequeño caos ordenado. Te he preguntado mil veces si tu caos está ordenado. Un día hasta te llegó a molestar mi insistencia para saber si la mancha de taza de café que tenías en la libreta la tenías queriendo o sin querer. Fue una aproximación torpe porque quería aprender de tu caos, pero el caos no se programa: se vive.

Dicen que eres la familia a quien vuelvo.
Dicen que soy la persona a quien lloras,
dicen que somos a quien llamamos, dicen que seremos a quien revisitaremos,

y seguimos creciendo juntas.

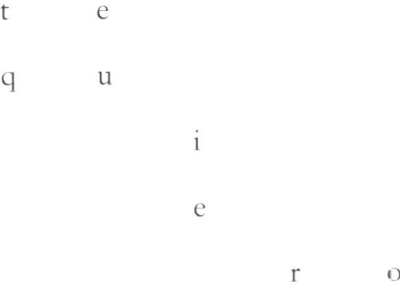

https://norahaddadc.bandcamp.com/album/carta-sonora-per-lalba

Hacernos cargo

Tatiana Romero Reina

TATIANA ROMERO REINA *(CDMX, 1984) habita y piensa el mundo desde la experiencia migratoria. (De)formación historiadora, trabaja cuestiones de historia contemporánea con perspectiva interseccional y decolonial. Cofundadora de Grupo Kollontai, espacio de historia de las mujeres. Cambió la Academia por la educación popular; hoy es formadora antirracista e investigadora independiente. Lleva dos décadas militando en los (trans)feminismos populares y el antirracismo radical. Escribe para varios medios, pero sobre todo en las paredes.*

Hacernos cargo

Tatiana Romero Reina

Mandamientos

> *Abrázame muy fuerte, amor,*
> *mantenme así a tu lado.*
> *Yo quiero agradecerte, amor,*
> *todo lo que me has dado.*

> Juan Gabriel

Desde la primera vez que te relacionas sexo-
afectivamente con una mujer*[1] y entras en el

---

[1] En este texto voy a usar el asterisco (*) al lado de la palabra mujer/es para incluir a las personas que no nos identificamos con esta ficción, ya sean lesbianas, *butch* o personas n/B, y a su vez, porque visibiliza a las mujeres trans. En Alemania, uno de los lugares en donde he pasado gran parte de mi vida y comencé a socializarme como les-biana, se utiliza para visibilizar la diversidad de identidades

universo lesbiano,[2] caen dos pesos sobre ti como si de dos piedras enormes se tratara (si pudiera, ilustraría esta afirmación con el *collage Sueño n.º 15* de Grete Stern, en el que una mujer va arrastrando por una montaña escarpada una piedra dos veces más grande y pesada que ella misma), que marcarán para siempre tus expectativas, frustraciones, deseos y (auto)exigencias:

1. Tendrás relaciones en las que el poder se ejerza de manera igualitaria (quien dice poder dice redistribución de la riqueza, corresponsabilidad en los cuidados, distribución de las tareas reproductivas, corresponsabilidad en la crianza y un largo etcétera).

2. Serás amigue (si puede ser le mejor amigue, más puntos de lesbianitud ganas) de tus ex.

---

de género más allá del binarismo, así como para enfatizar el carácter social y cultural del género como un constructo.

2 Utilizo «lesbiano» y no «lésbico» para evocar el campo semántico que Monique Wittig crea en *El cuerpo lesbiano* para describir el amor lesbiano desde la carnalidad anatómica y pasional.

Sobra decir que estos dos mandamientos, que parecen un destino manifiesto, no se cumplen. Pero lo trágico no es eso, sino el empeño que muches llegamos a ponerle a ambas cosas para sentirnos de verdad LESBIANAS (así, todo con mayúsculas), por no sentir que terminamos reproduciendo modelos heteronormativos de relacionarnos, y la profunda frustración que sentimos una y otra vez por no poder cumplirlos. La culpabilización y el autocastigo que terminan dejándonos la autoestima, de por sí ya golpeada por la ruptura, hecha polvo.

Mientras que las heteras tienen todo un abanico de posibilidades para expresar el odio a sus exparejas, vivir los duelos amorosos desde el desgarro e incluso hacer algún que otro escrache al patán de turno, nosotres, lesbianas, pasamos meses e incluso años castigándonos por no haber podido cumplir con uno o dos de los mandamientos. Pero es que muy dentro de nosotres mismes siempre anida la ilusión (o la arrogancia) de sentir que estamos por encima del bien y el mal, de pensar que todo lo hacemos mejor, porque para eso somos los cuerpos a los que más atraviesa el patriarcado y los únicos que podemos habitar la fuga como espacio de construcción alternativa de afectos, y quizás tengamos que desandar un poquito los pasos dados desde el imaginario lesbiano y no tener vergüenza de afirmar que no somos capaces de cumplir con ninguno de los dos mandamientos, o no en todos los casos, porque, *de facto*, el primero es condición de posibilidad del segundo. Pero es que, incluso habiendo tenido una relación mínimamente no mediada por dinámicas patriarcales, racistas o clasistas, el segundo no puede ser una obligación para ningune de nosotres. Si a esto le sumamos la complejidad de la migración, como es mi caso, los fracasos son considerablemente más estrepitosos.

El punto de partida de este texto es la asunción (por supuesto, viendo mi historial y el de muches de mis amigues) de que: las lesbianas también reproducimos dinámicas de poder en nuestras relaciones; las relaciones lésbicas no son el paraíso de la corresponsabilidad del trabajo reproductivo ni de la crianza; y hay abuso de poder, violencia económica, psicológica y física y violencia vicaria. Que durante las rupturas (dependiendo del capital social de una o dos de las partes será peor) hay manipulación, chantaje y hasta escarnio público/cancelación (qué nos gusta un punitivismo social); que se crean bandos y se alimentan los chismes y la rumorología (repara poder contar aquí que sé de buena fuente que, más de una vez, mi persona y mis ex hemos sido tema central del palique bollero); que se expulsa por activa y por pasiva a personas de los espacios de activismo, de ocio e incluso de trabajo. Hay que asumir todo esto porque el imaginario machista de que las heteras «linchan a los hombres» no puede invisibilizar que entre bolleras nos destrozamos y, por todo esto (posiblemente), no podemos ser amigues de nuestras ex.

Toca asumir también, si somos justes, que las ex que son nuestres amigues se convierten en familia, pero que la construcción de ese vínculo pasa por un (re)conocimiento y (re)descubrimiento de la persona con la que hemos tenido un vínculo sexoafectivo, porque las relaciones de amistad están un poco menos constreñidas que las de pareja, hay mucha más generosidad y comprensión. Tal vez porque cuando le otre no cumple alguna de nuestras expectativas no se pone en marcha el (implacable y despiadado) mecanismo de la herida, del rechazo y del abandono. Para mí, ser amiga de mis ex, viviendo ya 20 años lejos de la tierra que me vio nacer, siempre ha sido un lugar de calma y de arraigo. Las personas con las que me vinculo, amigues y parejas, son mi país, por eso cuando desaparecen tengo terremotos vitales que cuestionan mi identidad y los duelos generan en mí un mecanismo de huida que, si pudiera pagarme los vuelos y permitirme parar el trabajo, me llevaría a México hasta sanar.

Pero, ¿cuál es la composición *ontológica* del sustantivo expareja? ¿Está definida por la intensidad del encuentro o por la duración en el tiempo? Si es por el tiempo, ¿cuánto tiempo es suficiente para ser ex? ¿Semanas, meses, años?

Si es por la intensidad, ¿depende de cuánto nos enamoramos, del enganche, de la toxicidad, de la intimidad compartida? Hace poco salió un meme (ese nuevo lenguaje que ha venido a sustituir la incomodidad de las verdades difíciles de asumir) que dice: «Yo no tengo ex, solo algunas colaboraciones que hice». Lo compartí en IG un poco en broma, un poco de verdad, y alguien me escribió para preguntarme si ella había sido una colaboración o era una ex. No supe qué responder porque, para mí, ex es aquella persona con la que no pude mantener el vínculo aun queriéndolo, y de esas tengo muy pocas. Del resto solo he querido salir corriendo.

Cuando pase el temblor

> *Dime, ¿cómo quieres borrarme?*
> *¿Vas a hacerlo por partes día a día*
> *o directo a sangre fría?*
>
> Daniela Spalla

Comencé a relacionarme sexualmente con mujeres* a los 14 años. Siempre digo con ese orgullo medio rancio que mi primera vez fue con una mujer*, con mi mejor amiga, de hecho. ¿Cuenta eso como experiencia lésbica o es parte de un periodo de experimentación por el que pasamos todes les adolescentes? Para las bolleras que, como yo, no somos *golden* (vaya concepto más viejuno, que claramente deja de manifiesto mi edad), poder construir nuestra mitología lesbiana en esa relación primera y originaria de nuestro deseo es muy importante. El caso es que, por más que hayamos estado follando durante un año, no es mi primera ex. Quien tiene el título fue mi primera pareja cuando ya había salido del armario. Le tengo un cariño muy profundo, aunque la relación, como muchas primeras cosas, haya sido un desastre; un compendio de miedos, malentendidos, dramas, engaños y litros de llanto. Me dejó un 15 de abril (tres días después de mi cumpleaños) porque había vuelto, cómo no, con su ex. Temblé, grité, lloré, bebí y me drogué muchísimo aquella primavera… y verano. Llegó el invierno y, saliendo sola de una fiesta, con las calles llenas de nieve y hielo, completamente borracha me caí al suelo. Ahí, tirada en medio de la acera a -10 grados centígrados, comencé a gritar su nombre mientras lloraba y me fui quedando dormida sin darme cuenta. Me desperté al poco rato, supongo que en un gesto de supervivencia, la pulsión de vida tironeándome la consciencia contra la hipotermia, diciéndome a mí misma que se me estaba pasando la mano con el drama y que, tal vez, para ser lesbiana de verdad tenía que hacer el esfuerzo por ser su amiga, por mucho que sintiera que la traición se comía mis tripas como un parásito y lo único que me calmara fuera terminar en cualquier baño con la señora de turno, señoras de las que no me acordaba después ni de su cara, ni de mis dedos en su vagina.

Desde entonces, y durante los siguientes años, me sentí una buena lesbiana porque era amiga de mis ex, incluso de quienes nunca he denominado como tal, pero que han sido vínculos de mucha intimidad. Les acompañé en procesos muy duros como enfermedades, divorcios,

muertes; seguí yendo en Navidades a casa de
su familia, porque después de años juntas era
también mi familia; celebré cumpleaños con las
respectivas nuevas parejas y todo el repertorio
de lo que se supone está bien, que entra en ese
imaginario de *The L Word* de lo que somos
las lesbianas: unos seres de luz (o dependientes
emocionales) que mantienen en su vida a las
personas con las que follan, pase lo que pase.

Supongo que fue una dosis de inocencia y, por
supuesto, también una ausencia de análisis político de las relaciones en sí mismas y de los
privilegios y opresiones que se ponen en jue-
go cuando nos vinculamos lo que me permitió
durante tantos años creer que, una vez que pasaba el temblor, todo se recoloca y somos capaces de transformar el vínculo amoroso en algo,
para mí, más profundo... Hasta que dejó de
ser así y me vi en procesos de ruptura turbios,
dañinos, tan desgarradores y violentos que en
la mesilla de noche han ido apareciendo como
por arte de magia ansiolíticos y antidepresivos
para aguantar el tirón.

No te deseo el mal

*Migrar es la experiencia de vivir en un país en
el que nadie te conoce y tienes que aprender el
idioma de cero.
Por eso, en cierto modo, cualquier separación
reproduce la vivencia de la migración.*

Mithu Sanyal

Nunca había sido tan consciente de mi identidad migrante como en estos últimos diez años. Nunca antes había pensado ni teorizado tanto sobre ella, ni me había sentido tan atravesada por un proceso (el migratorio) que no solo no se acaba nunca, sino que define tu forma de habitar el mundo, y por ello, tu forma de relacionarte con les otres. Creo que la conciencia del racismo, la xenofobia y, sobre todo, el activismo *migra* me ha permitido analizar las relaciones de pareja y de expareja desde otro prisma, el de la interseccionalidad.

¿Cómo se vive una separación cuando estás lejos de casa? ¿Cómo atraviesa el desarraigo el dolor y lo magnifica? ¿Cuál es el vértigo a la pérdida cuando sientes que no estás en casa y no sabes muy bien de dónde agarrarte? Cuando te vas haciendo vieja y sientes que no tienes nada. Cuando has intentado una y otra vez creer en la pareja como estructura salvavidas, pero al terminarse se acaba todo, porque quien tienes enfrente no tiene esa necesidad imperiosa de ser «una buena lesbiana» y ser tu amigue, aunque tú intentes y te agotes y te machaques intentando encontrar la forma de reparar, si es que algo has roto, y te culpes mientras ella te culpa más todavía y, callada, escuchas los reclamos... Porque es tan grande el terror al vacío que aguantas y asumes lo que sea con tal de «ser amigas».

Para les migrantes, las separaciones son terremotos vitales que implican un esfuerzo emocional muy grande. Que reabren viejas heridas y que nos hacen sentir más frágiles, soles y vulnerables. Por eso también para nosotres relacionarnos supone a veces olvidarnos de nosotres mismes y nuestra circunstancia, porque si no, el coste es tan alto que no podríamos vincularnos. Así entramos en relaciones que no queremos, pero que nos vienen bien, que nos dan un poco de estabilidad o de seguridad, aunque sepamos que aquello no va a ningún lado. Y nos quedamos en relaciones con mucha violencia, tanta que nos paraliza, pero no tenemos a dónde ir, ni vemos una salida posible. Hace varios años estuve en una relación de maltrato; no fui capaz de salir de esa relación hasta que compré un boleto de avión a México y puse diez mil kilómetros de por medio.

Hasta que no pisé mi país no perdí el miedo y pude sacar mi voz.

Para quienes habitamos el desarraigo, que nos relacionamos con el mundo desde la migración, la racialización, la «extranjería», que nos movemos durante años en el universo administrativo y violento de «los papeles» y en una inseguridad económica constante, perder a una de las personas de nuestra red es mucho más que «dejarlo con la novia»; es perder familia, contención y sostenimiento, y eso asusta mucho. Asusta porque cada uno de los nudos que conforman esa red son necesarios para soportar las violencias sistémicas y sistemáticas a las que nos enfrentamos todos los días. Porque nos relacionamos desde la dependencia emocional, todo hay que decirlo. Porque muchas veces esa dependencia emocional también es económica. Porque a veces dejarlo implica perder la casa o los papeles.

Si pienso las relaciones y las rupturas desde la clase, creo que quienes no viven precarizadas y empobrecidas sin llegar a fin de mes y con cuatro curros a la vez odian menos a sus ex. Es un tema de matemáticas, no de afectos: tienen la vida mucho más resuelta. Creo que es bastante menos probable el odio posruptura cuando tus papeles no dependen de tu ex, que te deja tirada con el trámite de residencia/nacionalidad a medio camino o, directamente, te chantajea con quitarte la posibilidad de tramitarlos; o bien, cuando tu supervivencia económica y/o la de tus hijes depende de un convenio regulador favorable, o de un contrato de alquiler y tú ganas mucho menos que tu ex.

Creo que si pensáramos más las relaciones de pareja como un espacio en el que se reproducen las opresiones y los privilegios que tenemos dependiendo del lugar que ocupamos socialmente, tal vez todes seríamos amigues de nuestra expareja, pero porque tendríamos claro desde el primer momento que el amor no borra la clase, ni la racialización, o la capacidad, y eso nos ayudaría a tener relaciones más reales y rupturas más solidarias, en cuya base esté la creencia de sostener a le otre como compromiso social, feminista y antirracista.

Tener relaciones en las que el poder se ejerza de manera más igualitaria es una quimera, porque el poder, los privilegios, siempre serán relacionales; las relaciones entre mujeres* siempre estarán atravesadas por matrices de opresión que van más allá del género (siempre entendido como un constructo sociohistórico en el que también existe el eje cis/trans), y a su vez, siempre serán la conjunción de dos cuerpos maltratados por el patriarcado. Hacernos cargo no se trata de sentir culpa por ser blanca y tener de pareja a una marrona, se trata de responsabilizarnos del privilegio blanco, de las ventajas heredadas que eso nos da en un sistema colonial. No se trata de sentirnos mal por venir de una familia con capital y esconderlo frente a la pareja de clase obrera; se trata de redistribuir la riqueza en la relación, de asumir los costes que le otre no pueda sin echárselo en cara constantemente, haciéndole sentir que «nos debe algo». Se trata de hacer de los vínculos afectivos también espacios de reparación histórica, social y económica. Hacernos cargo es ubicarnos, no escaquearse a través de la culpa.

Y es posible que, aun con plena conciencia de que lo personal es político, haya quienes no quieran mantenerse en nuestra vida después de una ruptura. Que nadie nos debe amistad es algo que he aprendido con los años. Hay a quienes les cuesta menos pedir perdón y quienes perdonan más fácilmente, y también hay quienes buscan venganza a través del punitivismo social (cancelación) y se lanzan a la empresa de contar una versión distorsionada de la realidad a cualquiera que se les pase por enfrente. Pero me temo que el verdadero castigo no es el ostracismo al que podamos condenar a nuestra ex, sino el riesgo real al que nos exponemos todas en nuestras pueriles campañas de rencor frente a una restauración patriarcal que nos niega la existencia.

En el momento en que estamos, deberíamos ser capaces de poner el cuerpo por aquella a la que una vez amamos, también por hacernos cargo.

.

Colección La pasión de Mary Read